中国金融四十人论坛
CHINA FINANCE 40 FORUM

致力于夯实中国金融学术基础，探究金融领域前沿课题，引领金融理念突破与创新，推动中国金融改革与发展。

读懂
共同富裕

刘元春 宋扬 王非 周广肃 著

中信出版集团|北京

图书在版编目（CIP）数据

读懂共同富裕 / 刘元春等著 . -- 北京：中信出版社 , 2022.1（2022.3重印）
ISBN 978-7-5217-3834-6

Ⅰ . ①读… Ⅱ . ①刘… Ⅲ . ①共同富裕－研究－中国 Ⅳ . ① F124.7

中国版本图书馆 CIP 数据核字（2021）第 241602 号

读懂共同富裕
著者：刘元春 宋扬 王非 周广肃
出版发行：中信出版集团股份有限公司
（北京市朝阳区惠新东街甲 4 号富盛大厦 2 座 邮编 100029）
承印者：宝蕾元仁浩（天津）印刷有限公司

开本：787mm×1092mm 1/16　　印张：17.25　　字数：200千字
版次：2022 年 1 月第 1 版　　印次：2022 年 3 月第 2 次印刷
书号：ISBN 978-7-5217-3834-6
定价：68.00 元

版权所有·侵权必究
如有印刷、装订问题，本公司负责调换。
服务热线：400-600-8099
投稿邮箱：author@citicpub.com

"中国金融四十人论坛书系"专注于宏观经济和金融领域，着力金融政策研究，力图引领金融理念突破与创新，打造高端、权威、兼具学术品质与政策价值的智库书系品牌。

中国金融四十人论坛是中国最具影响力的非官方、非营利性金融专业智库平台，专注于经济金融领域的政策研究与交流。论坛正式成员由40位40岁上下的金融精锐组成。论坛致力于以前瞻视野和探索精神，夯实中国金融学术基础，研究金融领域前沿课题，推动中国金融业改革与发展。

自2009年以来，"中国金融四十人论坛书系"及旗下"新金融书系""浦山书系"已出版160余本专著。凭借深入、严谨、前沿的研究成果，该书系在金融业内积累了良好口碑，并形成了广泛的影响力。

目 录

前 言 Ⅲ

理论篇　系统认识共同富裕

第一章　共同富裕的背景与意义
共同富裕的时代背景　005
共同富裕的重大意义　021

第二章　共同富裕的基础与内涵
共同富裕的理论基础　031
共同富裕的实践基础　036
共同富裕的本质内涵与科学方案　044

第三章　共同富裕的目标与衡量
高质量发展与共同富裕的关系　059
共同富裕的衡量标准　063
共同富裕的长期性与复杂性　071

实践篇　共同推进共同富裕

第四章　顶层设计的原则与政策
顶层设计的指导原则　095
共同富裕的主攻方向　107
构建初次分配、再分配、三次分配协调配套的制度安排　116

第五章　共同富裕示范区的建设与推广
高质量发展推动示范区建设　127
浙江共同富裕示范区建设的目标体系和政策体系　143
共同富裕示范区的可复制性和推广路径　164

第六章　共同富裕的影响与机遇
共同富裕在家庭层面的影响与机遇　171
共同富裕在企业层面的政策路径及影响　188
共同富裕对地方经济的影响及政府作为　203

第七章　实现人的全面发展
共同富裕与人的全面发展　225
推动共同富裕要坚持以人民为中心的发展思想　231
实现人的全面发展的主要举措　235

参考文献　257

前　言

《中华人民共和国国民经济和社会发展第十四个五年规划和2035年远景目标纲要》明确指出，展望2035年，人均国内生产总值达到中等发达国家水平，人民生活更加美好，人的全面发展、全体人民共同富裕取得更为明显的实质性进展。2021年8月17日，习近平总书记在中央财经委员会第十次会议上发表重要讲话，强调共同富裕是社会主义的本质要求，是中国式现代化的重要特征，要坚持以人民为中心的发展思想，在高质量发展中促进共同富裕。

2021年10月16日，习近平总书记在第20期《求是》杂志上发表重要文章《扎实推动共同富裕》。文章强调，党的十八大以来，党中央把握发展阶段新变化，把逐步实现全体人民共同富裕摆在更加重要的位置上，推动区域协调发展，采取有力措施保障和改善民生，打赢脱贫攻坚战，全面建成小康社会，为促进共同富裕创造了良好条件。现在，已经到了扎实推动共同富裕的历史阶段。适应我国社会主要矛盾的变化，更好满足人民日益增长的美好生活需要，必须把促进全体人民共同富裕作为为人民谋幸福的着力点，不断夯实党的长期执政基础。

2021年11月24日，《人民日报》刊发中共中央政治局委员、国务院副总理刘鹤的署名文章《必须实现高质量发展》。文章指出，进入新发展阶段，以习近平同志为核心的党中央把实现全体人民共同富裕摆在更加重要位置上，我们必须坚持通过推动高质量发展、通过共同艰苦奋斗促进共同富裕，必须最为广泛有效调动全社会积极性能动性，提升全社会人力资本质量和专业技能，扩大中等收入群体，不搞平均主义，不搞杀富济贫、杀富致贫，避免掉入福利主义陷阱，通过14亿多人共同努力，一起迈入现代化。

在"两个一百年"目标交汇之际启动共同富裕行动纲领并非简单理论推演的产物，而是中国社会主义事业历史发展的必然之举，是中国特色社会主义在完成全面小康目标、乘势而上开启全面现代化建设新征程中的必然选择，具有坚实的历史基础和实践基础。鉴于当前社会各界对共同富裕的认识不够系统深入，对实践路径也在摸索中，本书从理论和实践两个方面系统阐述了共同富裕的意义、内涵、目标以及实现路径等，力求从经济学的视角对共同富裕做普及性、系统性、学理性、前瞻性的解读。

本书分为两篇。理论篇的主题为"系统认识共同富裕"，全面解读了共同富裕的时代背景、重大意义、本质内涵、目标与衡量标准，有助于读者更加清晰地了解什么是共同富裕，为什么当前把实现共同富裕作为远景目标提出来。实践篇的主题为"共同推进共同富裕",深入研究了共同富裕的实现路径,主要从顶层设计、示范区建设以及政府、企业、家庭与个人如何共同发力推动共同富裕方面做系统解析。最后,本书讲述了共同富裕与实现人的全面发展的关系,阐述了如何在共同富裕中坚持以人民为中心,实现人的全面发展,做到"人人参与、人人尽力、人人共享"。

本书的特色主要体现在三个方面。

第一,本书关于共同富裕的讨论兼具理论价值和实践指导价值。本书立足于当下中国经济的时代背景,聚焦党中央针对共同富裕的行动纲领和政策前沿,深入解读习近平总书记关于共同富裕问题的重大论述,既有对党的经济思想脉络的清晰梳理,又有对当前经济社会问题的详细剖析,还有对家庭和企业可能面临的机遇做出的前瞻性研判。本书有助于学术界正确理解共同富裕,做出更有价值的研究成果,同时对于政府、企业、个人正确认识共同富裕,把握共同富裕带来的机遇,以及共同推进共同富裕的实现也有很强的指导意义。

第二,本书具有全球视野,不仅关注中国在推进共同富裕的进程中取得的成效和遇到的问题,而且考查在全球视角下推进共同富裕的意义,对讲好中国故事有重要价值。当前,世界各国面临收入分配恶化带来的巨大挑战,特别是大量福利主义国家收入分配的再次恶化宣告了西方福利主义、凯恩斯主义所倡导的方法在科技创新、金融全球化等因素的冲击下无法解决当前面临的中间阶层消失、高收入阶层收入占比逆势上扬、新要素资本赢家通吃等新问题，大时代呼唤人类必须破解这些问题。中国在百年未有之大变局中全面启动共同富裕战略，毫无疑问是顺应时代的呼唤。凭借中国特色社会主义的制度优势与文化优势，中国推进共同富裕将为解决收入分配恶化的全球性问题探索中国智慧和中国方案。

第三，从分析方法来看，本书运用多个经济学领域的分析方法，包括马克思主义政治经济学、中国特色社会主义政治经济学、微观经济学、宏观经济学、发展经济学等，既有马克思主义政治经济学经典的理论分析，也有运用丰富的微观调查和宏观数据做出的实证分析，既有从宏观视角解释中国式现代化的宏大叙事，同时又关注了具体到人的发展目标、发展政策、发展质量和发展绩效，真正体现了"发展为了人民"的宗旨。此外，本书用平实的语言给非经济学背景的读者解读相关内容，尽量避免使用公式和复杂的专业术语，力求达到普及性读物的功能。

本书能够问世，得到了中国人民大学共同富裕研究院管理团队和研究人员的大力支持。中国人民大学部分研究生对本书也做了优秀的助研工作。感谢为本书做出贡献的师生。

刘元春　宋扬　王非　周广肃

理论篇

系统认识共同富裕

第一章

共同富裕的背景与意义

共同富裕的时代背景

共同富裕被确立为现阶段及未来相当长时期重要的发展目标，有其鲜明的时代背景。其一，共同富裕是我国发展到一定阶段后顺理成章的行动纲领。共同富裕一方面根植于中国特色社会主义制度，另一方面也将随着中国特色社会主义的持续发展而不断完善。其二，全球收入不平等问题十分突出，一些国家贫富分化问题严重，教训深刻。随着经济社会深入发展，分配问题在我国也逐渐显现。在此背景下，推进共同富裕恰逢其时，有利于防止两极分化，实现社会和谐安定。

共同富裕是我国新时代发展的必然目标

在"两个一百年"目标交汇之际启动共同富裕行动纲领并非

简单理论推演的产物，而是中国社会主义事业历史发展的必然之举，是中国特色社会主义在完成全面小康目标、乘势而上开启全面现代化建设新征程中的必然选择，具有坚实的历史基础和实践基础。

改革开放后，中国共产党深刻总结正反两方面历史经验，认识到"贫穷不是社会主义"，并把"人民日益增长的物质文化需要同落后的社会生产之间的矛盾"确立为当时社会的主要矛盾。在此背景下，"效率优先、兼顾公平"成为基本发展原则。只有通过打破传统体制束缚，允许一部分人、一部分地区先富起来，中国才能解放和发展社会生产力，才能逐步摆脱贫困。

党的十八大以来，随着中国生产力的快速提升，党中央把握发展阶段新变化，把逐步实现全体人民共同富裕摆在更加重要的位置上。推动区域协调发展，采取有力措施保障和改善民生，打赢脱贫攻坚战，全面建成小康社会，为促进共同富裕创造了良好条件。特别是党的十九大报告提出，"中国特色社会主义进入新时代，我国社会主要矛盾已经转化为人民日益增长的美好生活需要和不平衡不充分的发展之间的矛盾"。其中收入分配不公、城乡差别过大、区域分化明显、公共服务不均等、社会福利不统筹等问题成为现代化进程的瓶颈，这就决定了我们必须将共同富裕放在更加重要的战略位置上。这种战略调整符合历史唯物主义和辩证唯物主义，具有扎实的经济基础、制度基础和丰富的实践基础。

经过过去 70 多年的发展，中国终于在 2020 年全面建成小康社会，GDP（国内生产总值）总量超过100万亿元人民币，人均GDP达到1.1万美元，第一次超过世界平均水平；部分区域人均GDP已经达到发达国家水平；财富超过10亿美元的企业家在2020年达到了1 058人，大大超过美国的数量，先富起来的目标已经实现。这为我国集中精力通过民生建设、乡村振兴、文化建设来推进共同富裕提供了坚实的经济基础。

通过社会主义市场经济40多年的建设，中国基本经济制度和运行体制基本成熟，生产力发展和经济增长开始步入一个相对稳定的轨道，"发展第一"这个硬道理具有坚实的保障。这为我们将"公平"问题和共同富裕问题放在更为显著的位置提供了条件。

党的十八大以来启动的脱贫攻坚战取得圆满胜利，不仅为我们进一步推动共同富裕积累了丰富的经验，同时也充分证明通过扶贫可以拉动内需，促进内循环发展，激发大众创业、万众创新，从而证明中国已经到了通过促进社会公平来大幅度提升效率的新阶段。

以上这些基础和条件再加上以"大同"与"共富"为追求的传统文化、以公有制为主体的所有制安排以及以人民为中心的政治制度安排，决定了中国具有大力推动共同富裕的物质、文化、社会和制度基础。

同时，也要清醒地认识到，我国正处于并将长期处于社会主义初级阶段，发展水平离发达国家还有较大差距。共同富裕既是时代发展的要求，也须契合时代发展的进程。要统筹需要和可能，尽力而为、量力而行，把保障和改善民生建立在经济发展和财力可持续的基础之上，不能好高骛远，做兑现不了的承诺。推进共建、共治、共享的共同富裕，政府不能大包大揽，重点是加强基础性、普惠性、兜底性民生保障建设；即使将来发展水平更高、财力更雄厚，也须量力而为，避免落入"福利主义"陷阱。除政府外，推进共同富裕还必须依靠全体人民共同奋斗。通过构建初次分配、再分配、三次分配协调配套的基础性制度安排，使市场、政府与道德共同成为推进共同富裕的有效体系。

与中国特色社会主义发展进程一样，共同富裕也不能一蹴而就、齐头并进：不是所有人都同时富裕，也不是所有地区同时达到一个富裕水准，不同人群不仅实现富裕的程度有高有低，时间上也会有先有后，不同地区的富裕程度还会存在一定差异。共同富裕应与中国特色社会主义发展阶段相契合，这要求我们深入研究不同阶段的目标，分阶段促进共同富裕。具体来说，到"十四五"末，全体人民共同富裕迈出坚实步伐，居民收入和实际消费水平差距逐步缩小。到2035年，全体人民共同富裕取得更为明显的实质性进展，基本公共服务实现均等化。到21世纪中叶，全体人民共同富裕基本实现，居民收入和实际消费水平差距缩小到合理区间。与此同时，促进共同富裕行动纲要的指标体系和考核评估办法需要科学可行、符合国情。应将全体人民共同富裕视作一个总体概念，城乡和不同区域不要各提各的指标。

综上所述，推进共同富裕是中国特色社会主义发展到一定阶段的必然举措，同时也是一项全局、长期和艰巨的任务，需要与中国的发展进程相适应。只有全国人民脚踏实地、久久为功，共同富裕事业才能在动态中持续发展，不断取得成效。

共同富裕是缓解分配问题的重要举措

当前，全球收入不平等问题突出，一些国家贫富分化严重，中产阶层塌陷，导致社会撕裂、政治极化、民粹主义泛滥，教训十分深刻。在此背景下，推进共同富裕恰逢其时，能使中国避免重蹈一些国家的覆辙。

全球不平等的七大典型事实

第一，自20世纪80年代以来，全球不平等问题加速恶化。从发达国家来看，20世纪初，西欧和美国前1%高收入群体收入占全体居民收入的比重分别为20%和16%；进入20世纪70年代，这一比例下降到不足10%。这种现象引发了很多学者的关注，其中一个关注的重点领域就是西欧和美国在这几十年中用什么方法解决了收入不平等的问题，哪些因素会对收入不平等造成影响。分析讨论的因素包括战争、经济危机以及福利主义，其中福利主义是解决过去100年中收入不平等问题的关键政策。高累进税率、国有化和资本管制政策影响了高收入群体的收入变化，而对教育的持续投资和社会转移支付的增加显著促进了低收入群体的收入增长。然而现在的学者在诠释过去100年发生的变化时，发现政治层面的因素也对收入不平等产生了重要和复杂的影响，比如西欧的收入不平等程度在20世纪40年代急剧下降的一个重要因素就是德国纳粹和整个西方世界对犹太人的迫害，其他因素还包括社会主义思潮、福利主义思潮的传播，以及20世纪30年代的大萧条对于大资本家的冲击。

然而，从20世纪80年代开始，发达国家的收入不平等问题再次加剧。美国和欧洲前1%高收入群体收入占全体居民收入的比重从20世纪70年代的8.5%和7.5%持续上升到2018年的19.8%和10.4%。这一长达40多年的变化导致发展经济学中一个经典规律的颠覆，即库兹涅茨倒U形曲线理论似乎不成立了。库兹涅茨倒U形曲线理论认为，人均收入水平与收入分配差距之间将在长期中呈现出倒U形变化，即在人均收入水平很低的阶段，收入分配的差距将很低；随着收入的增长，基尼系数将快速上升；当经济水平发展到一定的阶段，随着收入的增长，基尼系数会持续降低，达到繁荣与和谐并存的理想阶段。该理论总结的核心样本是欧美国家，并认为这些国家由于现代化已经完成，收入分配问题已经得到很好的解决，经济的持续增长不会引发收入分配的两极化。但这种理论推演与20世纪80年代以来的典型事实严重冲突。

第二，收入不平等问题不仅在发达国家中重新加剧，在大部分发展中国家也出现恶化，但是这种同步恶化的趋势中却有一个值得关注的新趋势：中间阶层空洞化和中产阶层的消失可能是收入分配的新特征,传统的社会安全网和扶贫政策难以防止收入分配的恶化。从20世纪80年代全球收入分配来看,1980年世界前1%高收入群体的收入占全体居民收入的16.3%,2016年该比例达到20.4%。1980年50%低收入群体的收入占全体居民收入的8.0%,2016年该比例为9.7%。高收入群体和低收入群体的收入占全体居民收入的比重都同步增加,同时总体基尼系数同步提升。这表明收入为51%~99%的中间阶层的收入占比从1980年的75.7%下降到2016年的69.9%,中间阶层的收入被严重挤压,部分中产阶级消失了。这一特征事实说明,如果不对中产阶级空洞化和中等收入群体被挤压的现象采取足够的对冲政策,简单通过传统福利主义来补贴底层并不足以弥补不同阶层之间的收入差距,不能扭转中间阶层收入被严重挤压的态势,进而无法有效降低基尼系数。

从世界各国经验来看,对中等收入群体的挤压是一种常态化的现象。在过去40年中,中间挤压主要发生在发达国家,但是在最近20年,转型期国家和新兴国家也出现了这种现象,比如俄罗斯前1%高收入人群所获得的收入占比在20世纪80年代初期仅为4%,到21世纪则上升到20%以上,收入最低的后50%人群收入占比从20世纪80年代的31%下降到21世纪初的10%,但最近15年来又上升到17%,这意味着中间阶层比重在21世纪受到的挤压较为严重。

第三,世界各国的高收入阶层提升的速度较为趋同,但低收入阶层却出现了明显分化。在过去近40年里,在新技术革命、经济全球化和全球金融化浪潮中,高收入群体特别是顶级收入群体的收入占比急剧上升,成为全球收入分配最显著的特征。例如,美国顶级的0.1%高收入群体的收入从1980年到2016年增长了650%,欧洲同期也增长了200%,但低收入人群的占比却在不同国家出现明显分化。例如,巴西收入最低的50%群体,其收入占比从1990年的10%上升到2016年的12.3%,中东从7%上升到9.6%,南非从11%上升到12.1%,而印度却从22%下降到14.9%。这种分化不仅取决于经济发展阶段,更取决于收入分配和福利体系的差异。

第四,财富分布差距也开始迅速增长,财富对于收入分配不平等的作用开始快速加大。自1980年开始,各国财富基尼系数快速攀升。例如,2016年美国财富基尼系数已经达到85.9%,巴西达到83.2%,英国达到73.5%。全球顶级富翁财富积累速度快速提升,导致全球财富与收入比从20世纪50年代的200%~350%提升到目前的400%~600%;最为明显的就是全球创新中心、全球金融中心和文化中心的美国与欧洲,顶级富翁的财富提升速度十分惊人。《福布斯》财富榜统计,世界前500强的财富在1987—2017年年均增长速度为8.9%,而整体人群增长速度仅为2.7%。财富的基尼系数目前也很高,财富不公平问题比收入不公平问题在某种程度上更加值得关注。

按照马克思的传统逻辑,对资本的占有是收入分配差距的核心原因,但现有研究发现财富只是收入分配长期变化中的影响因素之一,并且这个因素在"二战"后开始有所削弱。解决收入分配问题的激进方法包括节制资本、扶助劳工等，但现在有几个变化值得关注：一是财富在收入分配不平等中的决定性作用发生了变化；二是资本家内部财富的两极分化程度远高于穷人，即前0.1%与1%、前1%与前10%之间差别非常大，资产阶级出现明显的两极化。因此我们所说的节制资本到底是节制哪一种资本？这是值得思考和研究的。另外，资本的形态也呈现多元化，是传统的机器设备等生产资料，还是金融资本，抑或是数字资本？19世纪末期提出的节制资本、扶助劳工的思想到目前已经越来越模糊，很难精准化。

第五，工资差异出现大幅度上升，特别是在创新型国家。工资最高10%的人群所占工资份额在21世纪以来全面提高，而美国高收入人群中的工资收入份额也逐年提高。与此对应，工资收入成为主导收入分配差距的重要因素，传统财产性收入差别的重要性有所下降。例如，美国工资分布的低端不平等总体上是比较稳定的；而工资分布的高端不平等总体上表现出明显的上升趋势，并且主导着工资分布总体不平等的变化。这意味着，工资不平等的上升主要是高工资人群工资收入的快速增长导致的。我们可以看到很多跨国公司高管的收入奇高，而大部分拥有股权的人并不十分富有，工资性收入成为主要因素。

第六，税收等再分配手段在调节不平等中的作用全面下降，甚至一些再分配工具成为不平等的来源之一。从全球视角来看，1990—2017年主要富裕国家的最高边际税率从20世纪初非常低的水平逐步提高，在20世纪50—70年代达到最高水平，之后又大幅下降。而最高边际税率的下降与收入不平等的上升呈现强烈的相关性。基于OECD（经合组织）20世纪70年代初至21世纪初的分析可以看出，平均而言，最高边际税率下降2个百分点，收入最高1%群体的税前收入份额上升1个百分点。德国、西班牙、丹麦和瑞士等没有大幅削减最高边际税率的国家，都没有出现最高收入份额的增长。相反，美国、英国和加拿大等大幅降低最高边际税率的国家，其收入最高1%群体的收入份额都大幅增加了。

第七，对高收入群体征税越来越难。用传统的方法征税，会发现高收入群体税率在过去40年大幅下降。巴菲特曾说他的税率比一般白领低得多，所以奥巴马曾提出"巴菲特税"。对高收入群体征税难，一个重要的原因是有产者、富人以及具有创新能力的主体可以利用如平台经济、跨国公司、开曼群岛等"避税天堂"的方式让传统的"劫富济贫"征税模式化为乌有。另外，由于国家之间的税收竞争，各国政策对资本和创新者更为有利。所以财产税、遗产税、所得税全面下降，这种情况很难由一个国家独自解决，需要国际税务合作。

我国发展不平衡不充分问题仍然存在

在吸取国际教训的同时，也必须清醒认识到，我国发展不平衡不充分问题仍然存在，城乡区域发展和收入分配差距较大。新一轮科技革命和产业变革有力地推动了经济发展，也对就业和收入分配带来了深刻影响，包括一些负面影响，需要有效应对和解决。

第一，与国际形势相似，中国也存在居民收入差距问题。1988年基尼系数为0.38，处于较低水平；1995年基尼系数跃升至0.46，2008年超过0.49；2008年后，基尼系数有所回落，但还处于较高水平，稳定在0.46左右。此外，2013年以来，中国居民收入前20%群体的平均收入是后20%群体的10倍以上，且并无明显缩小态势。总之，20世纪80年代以来，中国居民收入差距长期保持较高水平。中国居民收入分配的态势与国际形势基本一致，收入极化趋势与美国相当，略好于俄罗斯、印度等国家。

第二，与许多国家不同，中国中等收入群体规模不断增长且收入比重保持稳定。从2010年到2018年，高收入家庭规模比重较稳定，保持在10%左右。中等收入家庭比重明显上升，从2010年的16.2%增加至2018年的46.5%。低收入家庭明显减少，从2010年的76.6%降至2018年的43.9%。从比重消长趋势看，许多低收入家庭逐渐变为中等收入家庭，极大地扩充了我国中等收入群体规模。基于上述比重推算，我国中等收入群体已超6亿人。

收入比重方面，从1980年到2015年，前1%与后50%收入群体占总收入的比重维持在30%左右，前10%与后50%收入群体占总收入的比重维持在55%左右。这意味着前1%与后50%收入群体之间的中等收入群体的收入占总收入比重稳定在70%左右，前10%与后50%收入群体之间的中等收入群体的收入占总收入比重稳定在45%左右，中等收入群体收入占总收入的比重随时间基本保持稳定。

国际上出现了中产阶层消失和中等收入阶层空洞化的趋势，但中国的情况优于国际整体趋势。首先，中国中等收入阶层规模在10年内增加了近两倍。其次，我国中等收入阶层的收入份额也没有明显萎缩趋势。全球收入前1%与后50%收入群体间的中等收入群体收入占总收入比重从1980年的75.7%下降到2016年的69.9%，但我国相应群体收入占总收入比重从1980年的68.5%略增至71.6%，优于国际平均趋势。

第三，中国高收入阶层收入提升速度趋同，较低收入阶层收入占比明显下降。从1980年至2015年，中国收入前1%群体的收入占总收入比重从6.6%上升至14.0%，收入前10%群体的收入占比从27.9%上升至41.7%，提升速度相似。与此同时，我国收入后50%群体的收入占比从25.0%下降至14.4%。我国高收入阶层收入提升速度的趋同态势与国际一致，较低收入群体收入占比的下降与印度相似，不同于某些占比上升的国家或地区（例如巴西、南非和中东地区等）。

第四，中国财富分布差距快速扩大。1988年，中国财富基尼系数为0.34，略低于同期的收入基尼系数。但财富基尼系数随时间快速增长，在2000年左右突破0.5，在2005年后突破0.6，在2010年后维持在0.7以上，目前已达到0.8。从1995年到2015年，财富前1%群体的财富占比从15.8%上升至29.6%，财富前10%群体的财富占比从40.8%上升至67.4%，财富后50%

群体的财富占比从16.0%下降至6.4%。与各阶层收入占比趋势类似，高财富群体财富占比增长速度趋同，但较低财富群体财富占比明显下降。与此同时，财富分布对收入分配不平等的作用逐渐显现。近20年来，中国劳动收入份额从51.4%降至47.5%，资本收入份额从34.5%升至38.3%。

世界各国财富不平等程度快速加重。美国、俄罗斯、巴西、印度等国的财富基尼系数已超过0.8，略高于中国或与中国相当。但英国、法国、日本、韩国、新加坡等经济体的财富基尼系数低于中国。财富占比方面的国际比较有类似结果：美国财富前1%群体的财富占比超过30%，高于中国；但英国、法国、瑞典等欧洲经济体财富前1%群体的财富占比约为20%，低于中国。虽然中国财富不平等水平在主要经济体中处于中间位置，但中国财富不平等的扩大速度却在国际上处于较高水平，快于美国和法国等西方主要发达经济体。

第五，中国工资收入差异明显上升。从1988年到2013年，工资分布高端不平等和低端不平等都表现出明显的上升趋势，且工资分布的低端不平等程度更大。中国工资分布高端不平等趋势与美国相似，但低端不平等与美国不同——美国工资低端不平等随时间保持稳定，工资不平等主要由高端不平等驱动。此外，美国工资收入成为主导收入分配差距的重要因素，传统财产性收入差别的重要性有所下降，这与中国的趋势并不一致。

第六，税收的再分配作用较弱，社保的再分配作用有限。中国个人所得税的再分配作用较弱且越来越弱；相对于美国，中国税收再分配作用较弱。研究发现，在各种税负转嫁假设下，我国整体税制均不利于居民收入不平等的缩小。在社会保障的收入分配调节作用方面，研究发现了社保对收入分配调节的非单调作用。一方面，现有社会保障支出使全国收入基尼系数下降了0.025；另一方面，社会保障支出的集中率高于总收入基尼系数，因此如果政府在当前社保分配结构下进一步增加社会保障支出，增大社保在收入中的比重，居民收入差距将可能扩大。

第七，对高收入群体征税越来越难。我国个人所得税的征管办法为分类课征，不同收入来源的费用扣除、税率结构和征收水平不同，可能导致高收入群体的税率较低及税额较低的不公平现象。分项征收的好处是征收便捷，防止偷税漏税，每个项目的税收制度设计通常满足公平原则。但是，将所有分项税收结合后得到的整体个人所得税税制可能违背公平性初衷，原因主要有三点：不同收入来源的收入承担的税负不同；取得多种类型收入的人可以享受多种免征额；以个人而非家庭为征收单位。高收入群体的收入来源更加多元化，家庭收入结构更加不均，偷税漏税动机更强，因此对高收入群体征收税收越发困难。2011年9月个人所得税税制改革后，高收入者纳税额较高但是税率较低的问题变得尤为突出。中国所得税的相关问题与西方发达经济体一致，西方高收入群体税率在过去40年大幅下降，通过对高收入群体征税缓解收入分配问题变得越来越难。

除了收入所得税，西方发达经济体还通过房产税、遗产税等调节收入分配，而我国尚未全面推广相关税种，且在某些税种的征收上面临一些困难。例如，房产税征收面临诸多难题：一是征收目的不同，房产税的根本目的是抑制房价炒作，发挥收入再分配职能，但地方政府会以此作为增加地方财政收入的途径；二是计税依据和税率难以划分，国内各地经济状况差别巨大，房产涉及的民生问题众多，在全国范围内很难划定标准；三是房产价值评估复杂；四是重复征税问题，目前我国在房地产各个环节涉及多个直接和间接的税种；五是房产信息联网滞后；六是实际征管难度大。习近平总书记在《求是》发表的《扎实推动共同富裕》一文中指出，"要积极稳妥推进房地产税立法和改革，做好试点工作"。

如果房产税能抑制房价过快上涨，就可能减缓财富分布差距的快速扩大。然而学术界在房产税如何影响房价的问题上得到了不一致的结论。有的研究发现房产税降低了房价，对新购房影响较小，对存量房效果最大；有的研究发现房产税总体上会抑制房价，但效果差异大，比较混杂；有的研究发现房产税在短期内降低房价，但在长期可能会拉高房价；还有的研究发现重庆的房产税试点对房价下降的影响主要体现在大面积住房，而小户型住房受到大面积住房需求下降的影响，价格大幅上涨，会对低收入人群造成不利影响。

综上所述，国际上收入和财富不平等问题已持续几十年且十分严重，中国在发展过程中也逐步浮现许多分配问题。一方面，中国的分配问题出现和持续的时间比发达国家短；另一方面，中国的分配结构在某些方面明显优于发达国家（例如中国持续增长的中等收入群体及其稳定的收入比重）。在此背景下，推进共同富裕可以及时缓解中国的分配矛盾，防止两极分化，实现社会和谐安定，避免陷入某些国家长久以来无法缓解的不平等困境。

共同富裕的重大意义

共同富裕是社会主义的本质要求，能彰显和巩固中国特色社会主义制度优势

习近平总书记在《关于〈中共中央关于制定国民经济和社会发展第十四个五年规划和二〇三五年远景目标的建议〉的说明》中指出："共同富裕是社会主义的本质要求，是人民群众的共同期盼。我们推动经济社会发展，归根结底是要实现全体人民共同富裕。"因此，我国推行的共同富裕不是西方社会理解的以再分配为主体的社会运动，它不仅具有坚实的政治理论基础，同时还具有深刻的经济理论基础和社会理论基础。

从政治逻辑来看，共同富裕是中国共产党的初心，是党对人民的庄严承诺，是党带领全体人民沿着中国特色社会主义道路团

结奋斗的旗帜。实现共同富裕目标不仅根源于马克思主义的理论和党的基本纲领，同时也根源于我们的基本制度安排。在社会主义现代化新征程中，共产党要建立更牢固的政治基础，就必须在解放生产力和发展生产力的基础上解决当前全世界面临的收入分配两极分化的难题，就必须在中美大国博弈之中通过解决西方社会难以解决的收入分配问题来不断彰显中国制度的优越性，就必须通过解决各种不充分不平衡问题，在高质量发展中满足人民美好生活的需要，最大限度地激发出人民群众的创造性。因此共同富裕是党巩固执政地位、提高执政能力，带领人民顺利推进现代化进程的内在要求。习近平总书记在中共中央政治局第二十七次集体学习时指出，"实现共同富裕不仅是经济问题，而且是关系党的执政基础的重大政治问题"。

人类市场经济史表明，一个国家生产力发展到一定阶段，效率必须与公平相统一，失去公平的经济发展必然会陷入停滞和倒退。根据马克思主义经济循环和再生产理论，共同富裕是国民经济循环实现动态平衡的基础，当收入分配和财富积累分布过度两极分化时，必定会带来有效需求不足，以及生产的普遍过剩，导致商品的社会价值难以得到实现，最终造成资源极度错配，并引发全面的经济危机。因此，当一个经济体生产力发展到一定阶段时，就必须将公平放在更重要的地位，有效约束收入分配两极化是实现有效增长和经济循环的前提和必要条件。

现代社会史也表明，贫富差距过大不仅会导致经济循环的不畅，更会带来社会动荡不安。环顾当今世界，不少发达资本主义国家面临着贫富差距拉大带来的社会问题。一是社会阶层在分化和固化中导致社会内部严重分化和分裂;二是在社会冲突中导致社会治理体系崩溃,导致传统文化沦落;三是在社会对立和动荡之中,民粹主义全面抬头,极端主义摧毁了传统社会运行的基础。现代社会学理论和发展经济学都表明,有效控制两极分化,形成橄榄型收入分配结构是社会和谐和社会稳定的必要条件,也是赶超型经济体跨越中等收入陷阱,进入高收入文明社会的关键所在。因此,当前我国扎实推进共同富裕既是实现和谐社会和美好社会的基础,更是跨越中等收入陷阱、解决新时期中国特色社会主义主要矛盾、促进中国特色社会主义迈向更高阶段社会形态的必然之举。

中国特色社会主义制度在发展和完善过程中始终秉持"不变"与"变"的有机统一。"不变"的是中国共产党的初心和社会主义制度旨在实现全体人民共同富裕的伟大目标。"变"的是中国社会主义发展实践始终与时代同行,始终适应新环境、解决新问题、取得新成就。推进共同富裕正是新发展阶段水到渠成的战略部署,并将随着经济社会发展不断完善。共同富裕伟大实践有机地统一了中国特色社会主义制度的"不变"与"变",能进一步彰显中国社会主义事业的初心和现实生命力,有利于巩固中国特色社会主义制度在新时代的优越性。

共同富裕是推进高质量发展的着力点和落脚点

党的十九大报告指出,"我国经济已由高速增长阶段转向高质量发展阶段，正处在转变发展方式、优化经济结构、转换增长动力的攻关期，建设现代化经济体系是跨越关口的迫切要求和我国发展的战略目标"。高质量发展要求我们深化供给侧结构性改革，加快建设创新型国家，实施乡村振兴和区域协调发展战略，加快完善社会主义市场经济体制以及推动形成全面开放新格局。

推进共同富裕的基本原则和政策方向与推进高质量发展的目标一致，并可为高质量发展夯实基础、消除障碍、打通路径，成为顺利推进高质量发展的重要载体。

第一，深化供给侧结构性改革要求把经济发展着力点放在实体经济上，改善经济结构，优化经济质量。共同富裕也关注行业发展的协调性，特别是垄断行业改革和资本发展监管，这与推动金融、房地产同实体经济协调发展是一致的。此外，支持中小企业发展、构建大中小企业相互依存与相互促进的企业发展生态，既是共同富裕的基本思路，也是深化供给侧结构性改革的必要内容。

第二，加快建设创新型国家离不开各层次人才的培养。习近平总书记在《扎实推动共同富裕》一文中指出，"高质量发展需要高素质劳动者，只有促进共同富裕，提高城乡居民收入，提升人力资本，才能提高全要素生产率，夯实高质量发展的动力基础"。

第三，实施乡村振兴和区域协调发展战略更是共同富裕的重要内涵。我国发展不平衡问题主要体现在城乡差距和区域差距。

乡村振兴是减缓城乡差距扩大的重要战略，区域协调发展有助于整合区域资源、促进不同区域间收敛式发展。当共同富裕事业初步解决城乡和区域差距问题时，也就实现了高质量发展的一个关键目标。

第四，加快完善社会主义市场经济体制改革须以完善产权制度和要素市场化配置为重点，实现产权有效激励、要素自由流动、价格反应灵活、竞争公平有序、企业优胜劣汰。共同富裕的前提之一是剔除阻碍效率的制度障碍，进一步释放市场"做大蛋糕"的潜力，这与高质量发展的"效率"改革一致。共同富裕还要求实现市场主体的机会公平和过程公平，这与高质量发展的"公平"改革吻合。

共同富裕能缓解我国分配问题，并为全球不平等问题的解决实践中国方案和中国智慧

改革开放以来，中国经济社会快速发展，分配问题也随之浮现，例如财富和收入（特别是工资性收入）差距较大，高、低收入阶层收入占比趋势分化，税收和社保等传统措施作用有限。分配不平等问题会带来一系列严重后果：在政治上侵蚀党的执政根基，在经济上削弱市场主体活力，在社会上引发不安定、不和谐问题等。推进共同富裕能有效缓解我国分配问题及其带来的负面后果，为中国特色社会主义事业的持续进步保驾护航。

与此同时，我们要充分意识到共同富裕的长期性和复杂性。

习近平总书记在《扎实推动共同富裕》一文中指出,"共同富裕是一个长远目标,需要一个过程,不可能一蹴而就,对其长期性、艰巨性、复杂性要有充分估计,办好这件事,等不得,也急不得"。即便如此,相较于其他国家,我国共同富裕事业的推进有独特优势,能为全球不平等问题的解决实践中国方案和中国智慧。

第一,共同富裕是社会主义的本质要求,社会主义制度的许多优越性也能体现在共同富裕的推进过程中。许多发达国家搞了几百年的工业化,经济总量极大增长,但共同富裕问题仍未解决,贫富悬殊问题反而越来越严重,原因之一就是资本主义制度的局限性。资本主义经济制度重效率、轻平等,是分配问题持续存在的基础。资本主义社会制度只有税收等有限手段调节收入和财富分配;除此之外,这些政策越来越难适应经济社会发展新模式,并且政策本身在资本力量干预下变得更有利于富人,导致分配问题越发严重。

社会主义制度有利于推进共同富裕,首先是因为中国共产党始终践行以人民为中心的发展思想。习近平总书记在庆祝中国共产党成立100周年大会重要讲话中指出,"中国共产党始终代表最广大人民根本利益,与人民休戚与共、生死相依,没有任何自己特殊的利益,从来不代表任何利益集团、任何权势团体、任何特权阶层的利益"。正因为如此,中国共产党才能排除任何利益集团特别是分配不平等中的获益集团的干扰,全心全力推进共同富裕事业。其次,社会主义制度下,决策者具有长期战略定力,能够全篇谋划，系统布局，稳步实施，长期推进。这一点也充分体现在习近平总书记的《扎实推动共同富裕》一文中："我们要有耐心，实打实地一件事一件事办好，提高实效。要抓好浙江共同富裕示范区建设，鼓励各地因地制宜探索有效路径，总结经验，逐步推开。"

第二，中国经济社会发展现状更有利于推进共同富裕。首先，中国分配问题出现得较晚，持续时间较短，严重程度较低，甚至还有一些发达国家不具备的积极特征。例如，我国中等收入阶层并未出现许多发达国家出现的萎缩现象，反而规模持续增大，收入占比保持稳定。在此环境下推进共同富裕，更有利于取得积极成效，避免积重难返的后果。其次，许多传统调节手段在中国尚未全面实施，我国仍有较多可行的政策工具。例如，房地产税、遗产税等财产类税种有利于调节财富不平等，西方发达国家财富和收入分配现状已经是这些税种广泛实施后的结果，而中国仍有通过推广相关税种进一步改善分配不平等的政策空间。此外，由于中国特色社会主义制度的强大韧性，我们还可以在传统措施之外持续探索其他可行路径和措施，为全球不平等问题的解决实践中国方案和中国智慧。

第二章

共同富裕的基础与内涵

共同富裕的理论基础

共同富裕的政治理论基础

实现共同富裕目标不仅根源于马克思主义的理论和党的基本纲领，根源于我们的基本制度安排，也根源于习近平新时代中国特色社会主义思想。

马克思主义理论不仅把实现人类的共同富裕理解为一个历史发展的过程和趋势，而且把争取工人阶级的物质利益和经济权利理解为工人阶级及其政党进行社会主义革命的目的和内容之一。马克思主义以生产关系的不同性质为标准，提出了人类社会发展所经历的五种社会形态，包括原始社会、奴隶社会、封建社会、资本主义社会、共产主义社会。最终实现共产主义是马克思主义揭示的客观发展规律，也是马克思主义政党为之奋斗的目标，人类社会最终要形成以公有制为基础的共产主义社会，消灭私有制，消除社会财富两极分化，真正实现共同富裕。

党在社会主义初级阶段的基本纲领就是党在社会主义初级阶段的基本路线在经济、政治、文化、社会、生态文明等方面的展开，是党在社会主义初级阶段领导全国人民建设有中国特色社会主义的伟大行动纲领。在经济方面，党的基本纲领要求建设有中国特色社会主义的经济，就是在社会主义条件下发展市场经济，不断解放和发展生产力。这就要坚持和完善社会主义公有制为主体、多种所有制经济共同发展的基本经济制度，坚持和完善社会主义市场经济体制，使市场在国家宏观调控下对资源配置起基础性作用。坚持和完善按劳分配为主体的多种分配方式，允许一部分地区、一部分人先富起来，带动和帮助后富，逐步走向共同富裕。

"十四个坚持"和"八个明确"是习近平新时代中国特色社会主义思想的核心内容。"十四个坚持"指出，要坚持以人民为中心，坚持新发展理念，坚持在发展中保障和改善民生。"八个明确"提出，明确新时代我国社会主要矛盾是人民日益增长的美好生活需要和不平衡不充分的发展之间的矛盾，必须坚持以人民为中心的发展思想，不断促进人的全面发展和全体人民共同富裕。

共同富裕的经济理论基础

共同富裕的经济理论基础源于马克思主义公平效率观和社会

再生产理论。

马克思主义坚持结果公平的公平效率观，它认为有公平才有效率，只有坚持生产资料占有意义上的公平和等量劳动获得等量收入意义上的公平，劳动者的积极性才能被调动起来。这一观点包含两个方面的含义，一是生产资料占有意义上的公平，二是等量劳动获得等量收入意义上的公平。马克思主义认为，只有劳动者和财产者一样拥有同等的机会和权利占有生产资料，才可以将自身的劳动力和生产资料结合，生产出自己所有的产品，并在收入分配上处于平等的地位。但是，由于实际上生产资料的占有是不平等的，要实现公平就需要调整财产所有者的财产，并分配给劳动者。因此，马克思主义的公平效率观是一种坚持有公平才有效率的结果公平意义上的观点。

马克思主义社会再生产理论是马克思主义政治经济学的重要组成部分，以生产和再生产为核心阐述了资本自身的循环转化和资本之间在运动中的相互联系，系统地展示了一个具有内部结构并在运动中不断更新的再生产体系。在马克思主义政治经济学中，社会再生产理论的核心问题就是社会总产品在价值形态上的补偿和物质形态上的实现，即社会生产分为生产资料和消费资料的生产、社会总产品的实现。社会再生产理论的本质就是要研究两大部类的比例问题。如果两个部类之间的经济比例被破坏，就会造成生产过剩的经济危机，对经济体系造成灾难性的破坏。

中国特色社会主义经济制度设计从所有制安排到再分配体系

都暗含了抑制收入两极分化的有效元素。但目前我国出现的产能过剩、需求不足、居民收入占GDP过低、收入分配基尼系数高居不下等现象表明，在高质量发展中推进共同富裕要正确处理效率和公平的关系。我国在现代化新征程中要构建"以国内经济大循环为主体，国际国内双循环相互促进的新发展格局"，实现高质量发展，就必须进行发展战略的调整，启动专门战略，更多地关注公平问题，把逐步实现共同富裕作为国民经济循环畅通、实现高质量发展和社会主义现代化的核心着力点和落脚点之一。

共同富裕的社会理论基础

共同富裕以现代社会学理论作为社会理论基础。社会功能论认为，整个社会如同一个生命有机体，与生物有机体一样都具有结构。这个有机体的各个部门都是为了维护这个有机体的生存和延续而存在的。与生物有机体一样，一个社会要想得以延续，就必须满足自身的基本需要。同时，与构成生物有机体的各个部分相似，社会系统中的各个部分也需要协调地发挥作用以维持社会的良性运行。功能论强调，社会是由相互依存的各部分系统构成的整体系统，各部分在系统中承担一定的功能和作用。但是，社会系统中并非所有组成部分都发挥着正向功能，当社会结构中的某一单位阻止了整个社会或其组成部分的需求满足时，它则是反向功能。

从功能主义的视角来看，社会是由在功能上满足整体需要，从而维持社会稳定的各部分所构成的一个复杂的系统，各部分贫富差距过大时会导致经济循环的不畅，甚至某些部分也可能发挥反向功能，导致社会动荡不安。

共同富裕的实践基础

改革开放以来，我国将"效率优先、兼顾公平"作为基本原则的一个很重要的原因在于，当时社会的主要矛盾是"人民日益增长的物质文化需要同落后的社会生产之间的矛盾"，因此只有通过打破传统体制束缚，允许一部分人、一部分地区先富起来，通过解放和发展生产力来摆脱贫困。

共同富裕的历史基础

推进共同富裕具有坚实的历史基础。

第一，实现共同富裕具备制度基础。我国通过社会主义市场经济40多年的建设，坚持和完善社会主义公有制为主体、多种所有制经济共同发展的基本经济制度，中国基本经济制度和运行体制基本成熟，生产力发展和经济增长开始步入一个相对稳定的轨道，发展这个第一硬道理具有坚实的保障，也为我们将"公平"问题和共同富裕问题放在更为显著的位置提供了条件。

第二，经过过去 70 多年坚持社会主义的发展之路，中国经济总量显著提升。2020 年我国国内生产总值突破 100 万亿元（见图 2.1），经济总量有了质的飞跃。从 1978 年到 2020 年，国内生产总值按不变价格计算增长约 39.5 倍，年均增长 9.2%，平均约每 8 年翻一番，远高于同期世界经济 2.9% 左右的年均增速。2020 年，人均国内生产总值 77 754.1 元，在世界银行公布的 180 多个国家（地区）中排名第 54，按不变价格计算，比 1978 年增长 26 倍，年均实际增长率达 8.2%。

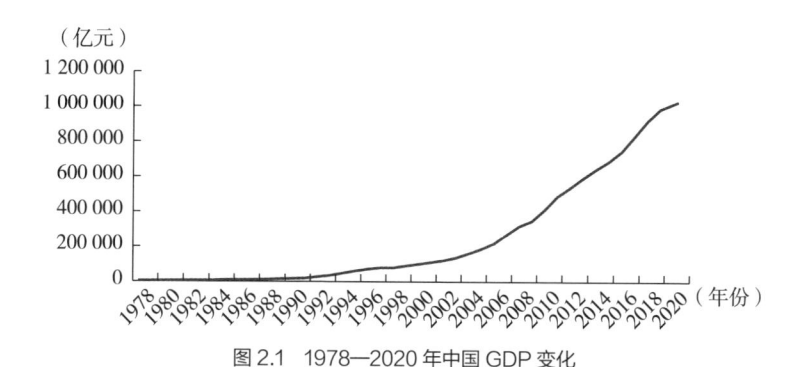

图 2.1 1978—2020 年中国 GDP 变化

数据来源：国家统计局。

第三，经济结构持续优化。第三产业比重持续稳定上升（见图 2.2）。第一产业增加值占 GDP 比重从 1978 年的 27.7% 下降到 2020 年的 7.7%，下降 20 个百分点；第三产业增加值的比重由 24.6% 增长到 54.5%，提高 29.9 个百分点。第三产业对

GDP增长的贡献率不断提高，拉动GDP增长的能力显著提升。同时，第三产业的行业结构不断优化，新兴生产性服务业增势强劲，生活性服务业蓬勃发展。

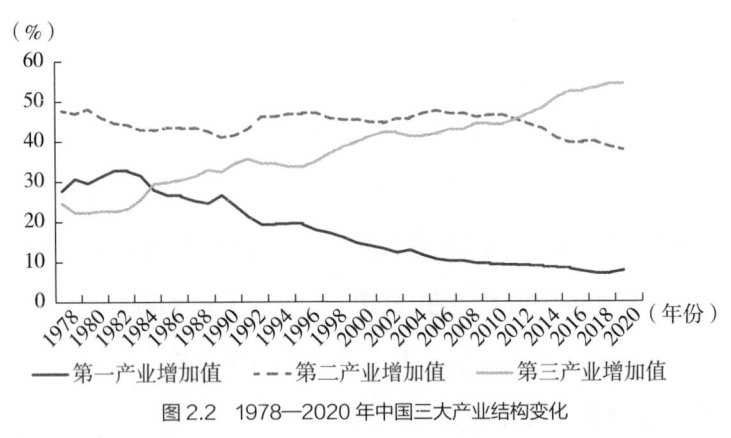

图2.2　1978—2020年中国三大产业结构变化
数据来源：国家统计局。

第四，人民生活水平明显提升。1978年，城镇居民和农村居民的人均可支配收入分别为343.4元和133.6元，到2020年人均可支配收入分别增长到43 834元和17 131元（见图2.3），增长了近130倍。城乡收入差距从2008年以来有了较大幅度的下降，城乡发展的均衡性、协调性有所增强。居民人均消费支出显著增加，城镇居民和农村居民的人均消费支出分别由1980年的412元和84元提高到2020年的27 007元和13 713元。自2000年以来，城乡居民人均消费支出比稳步下降，到2020年已经低于2。

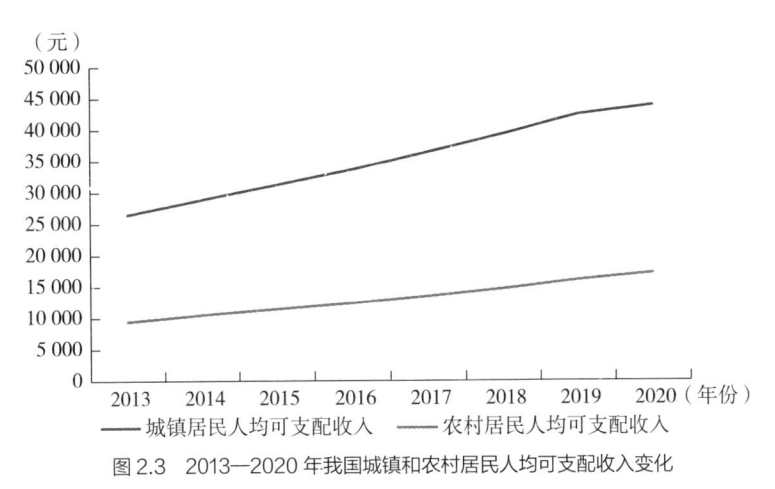

图2.3　2013—2020年我国城镇和农村居民人均可支配收入变化

数据来源：国家统计局。

注：从2013年起，国家统计局开展了城乡一体化住户收支与生活状况调查，2013年及以后数据来源于此项调查，这与2013年前的分城镇和农村住户调查的调查范围、调查方法、指标口径有所不同。

第五，人的全面发展指标不断优化。首先，人口的平均预期寿命不断提升（见图2.4）。1981年，我国人口平均预期寿命为67.77岁，男性为66.28岁，女性为69.27岁。至2015年，我国人口平均预期寿命达到76.34岁，比1981年增长了8.57岁，男性的平均预期寿命为73.64岁，女性为79.43岁，人口平均预期寿命有了大幅度的提升，尤其是女性的平均预期寿命提升较多。其次，教育水平不断提升（见图2.5）。学龄儿童入学率和各级普通学校升学率不断提高，学龄儿童入学率从1978年的94%上升到2020年的100%，小学、初中、高中升学率整体呈提升趋势。当前，高等教育进入普及化阶段，2020年高中毛入学率达到91.2%，高等教育毛入学率达到54.4%，分别比2000年增长了48.4个百分点、41.9个百分点。

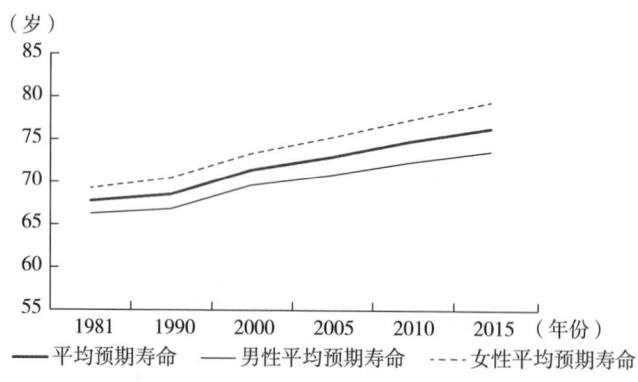

图 2.4　1981—2015 年我国人均预期寿命变化

数据来源：国家统计局。

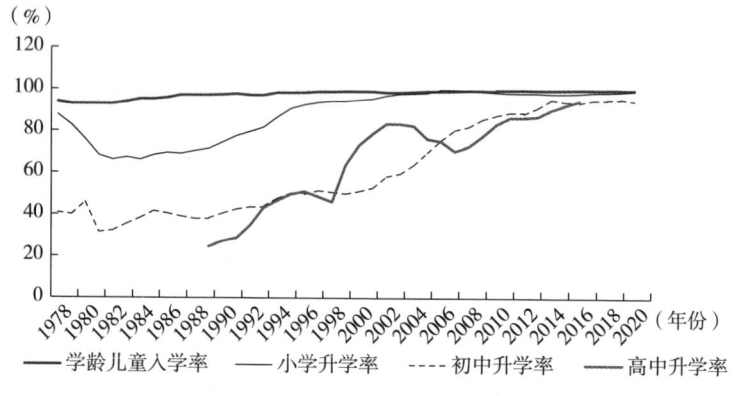

图 2.5　1978 年以来我国各学段升学率变化

数据来源：国家统计局。

共同富裕的现实条件

为实现共同富裕，我国采取了一系列有力措施保障和改善民生，打赢脱贫攻坚战，积累了宝贵的实践经验，奠定了坚实的现实基础。

第一，脱贫攻坚战取得全面胜利。2015年11月23日，中共中央政治局审议通过《关于打赢脱贫攻坚战的决定》，11月27日至28日，中央扶贫开发工作会议在北京召开。习近平总书记强调，消除贫困、改善民生、逐步实现共同富裕，是社会主义的本质要求，是中国共产党的重要使命。2017年10月18日，习近平总书记在党的十九大报告中指出，坚决打赢脱贫攻坚战，要动员全党全国全社会力量，坚持精准扶贫、精准脱贫，坚持中央统筹、省负总责、市县抓落实的工作机制，强化党政一把手负总责的责任制，坚持大扶贫格局，注重扶贫同扶志、扶智相结合，深入实施东西部扶贫协作，重点攻克深度贫困地区脱贫任务，确保到2020年我国现行标准下农村贫困人口实现脱贫，贫困县全部摘帽，解决区域性整体贫困，做到脱真贫、真脱贫。

按照2010年标准，1978年我国农村贫困人口数为77 039万人，贫困发生率高达97.5%，到2012年全国农村贫困人口数大幅度下降至9 899万人，贫困发生率降至10.2%。2021年2月，全国脱贫攻坚表彰大会在北京召开，会上庄严宣告我国脱贫攻坚战取得了全面胜利，现行标准下9 899万农村贫困人口全部脱贫，832个贫困县全部摘帽，12.8万个贫困村全部出列，区域性整体贫困得到解决，完成了消除绝对贫困的艰巨任务。

第二，社会保障体系逐步完善。社会保障体系包括各种社会保险、社会救助以及社会福利等，是保障和改善民生的基础，是支撑经济可持续发展的重要动力，更是促进社会公平正义的基础。社会保障制度是最重要的再分配手段，通过完善的社会保障体系，可以大幅度缩小初次分配领域难以避免的收入差距问题，更好地实现发展成果共享，有效地防范各种社会矛盾，保障社会和谐稳定。

经过多年不懈的实践努力，我国已建成世界上规模最大的社会保障体系，到2020年，基本养老保险覆盖9.98亿人，基本医疗保险覆盖13.61亿人，失业保险、工伤保险和生育保险也基本实现了对目标人群的全覆盖。2020年末，城市低保覆盖人数为805.1万人，农村低保覆盖人数为3 620.8万人。总体来看，2007年至2020年，城乡居民参加低保的人数呈下降趋势。此外，以城乡居民最低生活保障制度为核心，包括各种专项救助在内的社会救助体系基本实现了应保尽保。针对老年人、妇女儿童、残疾人等群体的社会福利事业全面发展。住房保障制度稳步推进。整体来说，各项保障制度的水平不断提升。

第三，就业状况逐渐向好。就业是民生之本，就业使劳动者与生产资料相结合，生产出社会所需要的物质财富和精神财富，也使劳动者获得报酬，从而获得生活来源。我国坚持劳动者自主择业、市场调节就业和政府促进就业的方针，实施就业优先战略和积极的就业政策，把促进就业作为经济社会发展的优先目标，放在经济社会发展的优先位置，注重选择有利于扩大就业的经济社会发展战略。同时，根据就业形势和就业工作重点的变化，及时充实和完善各项就业政策，加强就业政策与产业、贸易、财政、税收、金融等政策措施的协调，着力扶持、发展以及吸纳就业能力强的现代服务业、战略性新兴产业、劳动密集型企业和小型微型企业。

在政策作用下，我国就业状况持续向好，城镇就业人员数量逐渐提高，城镇就业人员从1978年的9 514万人增长到2020年的46 271万人，城镇就业人员占比由23.7%增长至61.6%，城乡就业结构明显改善，近三年城镇调查失业率控制在5%左右。

第四，税收调节收入分配的作用不断增强。税收不仅有筹集财政收入的功能，也有调节收入分配的功能。习近平总书记在《扎实推动共同富裕》一文中提出，要合理调节过高收入，完善个人所得税制度，规范资本性所得管理。要积极稳妥推进房地产税立法和改革，做好试点工作。要加大消费环节税收调节力度，研究扩大消费税征收范围。要清理规范不合理收入，加大对垄断行业和国有企业的收入分配管理，整顿收入分配秩序，清理借改革之名变相增加高管收入等分配乱象。要坚决取缔非法收入，坚决遏制权钱交易，坚决打击内幕交易、操纵股市、财务造假、偷税漏税等获取非法收入行为。

我国采取的减税降费措施、优化各税种的征收制度等一系列税收改革政策，正在积极发挥税收的收入分配调节功能，促进收入分配公平合理，缩小收入分配和财产存量差距，夯实共同富裕的经济基础。

共同富裕的本质内涵与科学方案

共同富裕的本质内涵

理论和思想上的相对共识依然是行动成功的重要前提。中央财经委员会第十次会议明确指出,"要加强促进共同富裕舆论引导,为促进共同富裕提供良好舆论环境"。学术界和中央文件都对共同富裕进行了十分科学的界定,但这些正面的诠释和宣传往往被各种社会思潮误解和歪曲,甚至在唤起一些历史记忆中形成抵制共同富裕行动的势力。因此,必须通过纠正各种对于共同富裕的错误看法和思潮,进一步科学领会共同富裕的核心内涵和基本要义。舆论引导不仅要正面解释共同富裕的科学内涵,更重要的是要针对现有错误思潮和曲解进行以下10个方面的批判。

一是要明确共同富裕不是少数人的富裕，而是全体人民的富裕。

二是要强调共同富裕不是同等富裕或整齐划一的同步富裕，而是普遍富裕基础上的差别富裕。

三是要明确共同富裕不仅是物质上的充裕，而是在"五位一体"上的全面跃升，既包括物质富裕，又涵盖人民对美好生活向往的方方面面，是物质与精神相统一的富裕。

四是要强调共同富裕不是历史上出现过的"一大二公"和"平均主义"。

五是要强调共同富裕不是劫富济贫，不是改变"两个毫不动摇"，不是通过侵蚀民营资本或通过产权侵犯而实现的共同富裕，而是依然鼓励勤劳创新致富，"允许一部分人先富起来，先富带后富、帮后富，重点鼓励辛勤劳动、合法经营、敢于创业的致富带头人"。

六是要强调共同富裕不是抛弃效率、只谈公平的共同富裕。共同富裕是以高质量发展为基石的共同富裕，是在做大"蛋糕"的基础上分好"蛋糕"，是效率与公平、发展与共享的辩证统一。

七是要强调共同富裕不是停留在物质财富结果上的公平，而是更多关注机会和过程上的公平，更多为提高受教育程度、增强发展能力创造更加普惠公平的条件，畅通向上流动通道，给更多人创造致富机会，形成人人参与的发展环境。

八是要强调共同富裕不是不计成本和无条件的共同富裕，而是要尽力而为、量力而行，把保障和改善民生建立在经济发展和财力可持续的基础之上。

九是要强调共同富裕不是一蹴而就的共同富裕，而是要坚持循序渐进，一个阶段接着一个阶段持续推进共同富裕迈上新台阶，一个区域接续一个区域达到共同富裕，应当分阶段明确目标，分区域设定方案。

十是要强调共同富裕是共建共治共享的共同富裕，不能靠政府大包大揽，必须依靠全体人民共同奋斗，构建初次分配、再分配、三次分配协调配套的基础性制度安排，使市场、政府与道德共同成为推进共同富裕的有效体系。

在破除理论误区的基础上，推进共同富裕仍需要科学的规划设计，使共同富裕在科学的规划下扎实地推进。科学的规划设计应当注意以下几个方面。

第一，必须在现代化新征程、新发展格局和高质量发展蓝图中进行共同富裕战略的顶层设计，利用科学的顶层设计来达成理论和认知上的共识。必须明确，共同富裕不是空想的产物，也不是独立于其他体系的自我范畴，从战略规划上讲，它必须服从于现代化目标、新发展格局战略和高质量发展目标。因此，我们必须以"十四五"规划、"2035与2050年远景目标"为基本框架，遵循共同富裕的基本逻辑和规律，制定出共同富裕在2025年、2035年以及2050年的目标，以及达到这些目标的可行路径和战略举措。

第二，必须在顶层设计的基础上，因地制宜地制定不同区域和部分的规划，特别是可以通过"试点、逐步推广"的方式为顶层设计的全面展开积累经验。2021年6月10日发布的《中共中央 国务院关于支持浙江高质量发展建设共同富裕示范区的意见》（以下简称《意见》）和《浙江高质量发展建设共同富裕示范区实施方案（2021—2025年）》（以下简称《方案》）充分证明了面对共同富裕这个艰巨的任务，我们将采取渐进模式来逐步推进。这也是我们改革开放中取得的宝贵经验。

第三，必须明确新时期共同富裕面临的基本前提、主要矛盾和主攻方向，有针对性地设计出攻坚克难的计划。一是以构建新发展格局、实现高质量发展为基本前提和手段。新时期中国特色社会主义的主要矛盾决定了共同富裕既是目标更是手段，解决不平衡不充分问题的第一落脚点依然在于发展，发展依然是硬道理。因此，如何实现"更加包容、更加共享、更加平等、更加绿色、更加可持续"的发展依然是我们方案的第一目标，高质量发展是共同富裕的基础和基本保障，共同富裕的顶层设计和基层创新必须把高质量发展的实现作为第一要义。《方案》中第一举措就是"打好服务构建新发展格局组合拳，推进经济高质量发展先行示范"。二是以地区差距、城乡差距、收入差距问题为主攻方向，制订攻坚克难的方案。共同富裕中面临的不平衡不充分问题主要体现在地区差距、城乡差距和收入差距等方面，因此，共同富裕必须以解决这些问题为主攻方向，更加注重向农村、基层、相对欠发达地区倾斜，向困难群众倾斜。而解决这些问题必须依靠不同的战略来有效地推进。未来一段时期，我们将以新型城镇化战略、乡村振兴战略、区域协调战略以及区域性帮扶机制来解决区域差距过大问题，以"构建初次分配、再分配、三次分配协调配套的基础性制度安排，加大税收、社保、转移支付等调节力度并提高精准性，扩大中等收入群体比重，增加低收入群体收入，合理调节高收入，取缔非法收入，形成中间大、两头小的橄榄型分配结构"来解决收入分配问题。

共同富裕的科学方案

理论的批判和宣传不能代替实践的行动，推进共同富裕要在实践中进行科学的规划与扎实的推进，在行动中彰显理论的力量，在实践中不断拓展深化对中国特色共同富裕的理解认识。具体来说，推进共同富裕的科学方案需要遵循以下纲领和原则。

坚持经济的高质量发展

发展是解决我国一切问题的基础和关键，我国仍然是发展中国家，做大"蛋糕"是解决收入分配问题的根本途径。党的十九大明确提出，我国经济已由高速增长阶段转向高质量发展阶段。高质量发展应当是当前和今后一个时期明确发展思路、制定经济政策、实施宏观调控的基本依据，也是实现共同富裕的前提基础和必然路径。

高质量发展，就是能够满足人民日益增长的美好生活需要的发展，是能够体现创新、协调、绿色、开放、共享的新发展理念的发展。党的十八大以来，以习近平同志为核心的党中央直面我国经济发展的深层次矛盾和问题，提出创新、协调、绿色、开放、共享的新发展理念。只有贯彻新发展理念才能增强发展动力，推动高质量发展。应该说，高质量发展，就是能够很好满足人民日益增长的美好生活需要的发展，是体现新发展理念的发展，是创新成为第一动力、协调成为内生特点、绿色成为普遍形态、开放成为必由之路、共享成为根本目的的发展。其中，共享是中国特色社会主义的本质要求，树立共享发展理念，必须坚持发展为了人民、发展依靠人民、发展成果由人民共享，做出更有效的制度安排，使全体人民在共建共享发展中有更多获得感，增强发展动力，增进人民团结，朝着共同富裕的方向稳步前进。

总之，目前我国经济持续增长，经济结构改善，已经完成了消除绝对贫困的艰巨任务，人民全面发展，为我国开启全面建设社会主义现代化国家新征程、向第二个百年奋斗目标进军奠定了坚实基础。同时我们必须清醒地认识到，我国发展不平衡不充分问题仍然突出，我国还是发展中国家，"十四五"乃至更长一段时期，高质量发展仍将是我国经济社会发展的主题，通过高质量发展持续不断做大"蛋糕"，厚植共同富裕的基础，这样才有可能实现共同富裕。

权衡效率与公平

讨论缩小收入不平等的政策，离不开公平与效率。一般而言，追求公平会带来效率的损失，而强调效率有可能牺牲公平。我国1978年改革开放以来，很大一部分收入不平等的增加是由对以前"大锅饭"分配制度的改革造成的。改革导致了不平等的增加，但也使效率和劳动生产力得到了很大的提高。同时需要指出的是，我国经济转型中很大一部分收入不平等的增加并没有导致效率的提高，甚至有负向作用。

在高质量发展中推进共同富裕要正确处理效率和公平的关系。在制定缓解我国收入不平等的政策措施时，需要把我国的收入不平等进行分类：哪些收入不平等的增加会带来效率提高？哪些收入不平等的增加不仅不会带来效率提高，甚至可能会导致效率损失？对不能带来效率提高的收入不平等，应该严格限制和稳步消除。对能带来效率提高的收入不平等，可进一步讨论公平和效率的权衡取舍。

当前，我国既面临城乡收入差距较大、劳动报酬在初次分配中占比较低等老问题，又面临技术进步和人口老龄化可能带来的对收入分配的新挑战。马克思主义公平效率观和经济史都表明，当一个经济体生产力发展到一定阶段时，就必须将公平放在更重要的地位，有效约束收入分配两极化是实现有效增长和经济循环的前提和必要条件。因此，必须将公平置于重要地位，健全工资合理增长机制，提高劳动报酬在初次分配中的比重，发挥社会保障收入再分配效应，强化税收对收入分配的调节作用，自觉主动解决地区差距、城乡差距、收入差距等问题，在做大"蛋糕"的同时分好"蛋糕"。

要分好"蛋糕"，即调节收入分配，要针对不同的收入群体采取不同的政策方针，具体可以概括为"提低、扩中、限高"，政府和市场需要在调节收入分配的过程中发挥各自的作用。

发挥市场和政府的"提低"作用

低收入者是社会弱势群体，我国现阶段低收入群体的存在是一个不能回避的社会问题，提高低收入群体的收入有助于化解以往积累的社会矛盾，实现社会公平正义，逐步走向共同富裕。

改革开放以来，经济持续发展，广大人民的生活水平有了普遍提高，但我国仍有大量低收入者群体；脱贫攻坚战取得了全面胜利，但全面打赢脱贫攻坚战消除的是绝对贫困。社会保障制度是实现再分配和共同富裕的重要政策工具，虽然我国经过多年努力已经建立起世界上规模最大的社会保障体系，但是社保体系仍然面临覆盖面不全、保障水平不够、不同人群待遇差距较大等一系列问题。只有进一步改进和完善以上问题，提高低收入群体的收入，才能真正走向共同富裕。

提高低收入群体收入，需要政府和市场形成合力。一方面，要依靠政府的力量，把公共资源向弱势群体倾斜，利用财政等手段实施精准扶贫、精准脱贫，同时加大对低收入地区的教育资源投入，加大职业教育发展的资金支持，努力提高低收入群体的人力资本和技能水平，从而最终提高其长期获取收入的能力。另一方面，要依靠市场的力量，激发低收入群体的劳动潜力，创造使低收入群体劳动报酬和劳动生产率同步提高的机会。

发挥市场的"扩中"作用

我国改革开放40多年的伟大成就表明，发展是硬道理，市场在发展中扮演了关键性的不可替代的角色。在推进共同富裕的过程中，发展依旧是大前提，我们仍须充分发挥市场的基础性作用。市场核心功能是有效配置资源，其功能的实现高度依赖整体市场环境的完善。完善市场环境时，既需要"立"，也需要"破"，既要夯实市场发挥作用的基础，也要破除阻碍市场有效配置资源的障碍。

当前，我国已全面建成小康社会，但是距离理想的橄榄型社会还有一定差距，主要体现在中等收入群体规模过小，而中低收入群体比重过大、收入水平过低。中等收入群体在促进消费、拉动内需方面扮演了重要角色，因为中等收入者既有消费意愿，又有消费能力。当代社会，中等收入群体通过消费为全球经济增长做出了重要贡献，他们不仅通过追求更多样化和高质量的消费，对消费增长产生直接效应，而且进一步推动消费升级，促进消费结构不断优化。

"扩中"应当主要依靠市场的力量，破除制度性障碍，通过调整经济结构，增加就业机会，构建高效、可持续发展的现代劳动力市场和劳动制度体系，拓宽居民劳动收入和财产性收入渠道。在新冠肺炎疫情蔓延全球的大背景下，扩大中等收入群体规模，有利于构建以国内大循环为主体、国内国际双循环相互促进的新发展格局，释放市场潜力，这是推进共同富裕的必要步骤。

发挥政府的"限高"作用

市场虽然在经济发展和资源配置中扮演了关键性的角色，但市场也有弊端，市场经济带有盲目性、自发性和滞后性的缺点，单纯的市场调节只能解决微观经济的平衡问题，不能解决宏观经济的平衡问题。如果仅依靠市场调节，容易导致大型企业利用垄断优势获得高利润和高收入，依靠垄断和不正当竞争继续攫取巨额财富，破坏市场合理公平竞争。

由于我国实行社会主义市场经济体制，"看不见的手"（市场）和"看得见的手"（政府）共同发挥作用，在市场机制失灵时，政府需要发挥宏观调控的作用。因此，为实现共同富裕，政府需要在"限高"方面承担主要责任，合理调节过高收入，取缔非法收入，遏制以垄断和不正当竞争等手段获取收入的行为。在依法保护合法财产和收入的同时，健全和完善再分配体系，优化市场结构，依法破除垄断对市场运行秩序的干扰，创造公平竞争的市场机制，缩小贫富差距，保护全体人民奋斗的前途，保障机会不被剥夺。

实现人的全面发展

发展是解决我国一切问题的基础和关键，社会经济的发展，归根结底是人的发展。共同富裕是全面富裕，是物质财富和精神财富的共同富裕，要坚持以社会主义核心价值观为引领，加强人民对制度、民族、文化和传统的认同，不断实现精神的富裕。公平正义不仅是社会责任，也是个人责任。只有公平正义的观念深入人心，才可能真正实现共同富裕。

党的十九大报告提出，"明确新时代我国社会主要矛盾是人民日益增长的美好生活需要和不平衡不充分的发展之间的矛盾，必须坚持以人民为中心的发展思想，不断促进人的全面发展、全体人民共同富裕"。因此，实现共同富裕更要注重实现人的全面发展，全面发展的人也是共同富裕可持续的重要保证。

人的全面发展是包括经济、政治、文化、社会、生态等各方面需求都得到满足的状态，比单纯的物质丰沛、生活富足层次更高，"人"是一个多向度、立体、全面、大写的人。到21世纪中叶，我们要全面建成富强、民主、文明、和谐、美丽的社会主义现代化强国。因此，在满足人的全面发展上，不应仅停留在全面小康阶段人们对物质与精神需求的满足，而应实现全方位需求的满足，包括健康、教育、文化等诸多方面。

推进共同富裕是坚持发展为了人民的具体体现，新时代我国社会的主要矛盾已经发生了变化，人民对美好生活的需要日益增长，要始终把满足人民对美好生活的向往作为共同富裕的奋斗目标，瞄准人民群众所忧所急所盼，在更高水平上实现幼有所育、学有所教、劳有所得、病有所医、老有所养、住有所居、弱有所扶。以"一老一小"两个群体为重点，以义务教育和医疗服务为抓手，建立和完善均等的全生命周期、高效和专业的优质公共服务体系。通过制度设计与政策支持，降低生育、教育、医疗和居住成本，提高弱势群体的获得感、幸福感、安全感和认同感。

第三章

共同富裕的目标与衡量

高质量发展与共同富裕的关系

习近平总书记在党的十九大报告中提出："从二〇三五年到本世纪中叶，在基本实现现代化的基础上，再奋斗十五年，把我国建成富强、民主、文明、和谐、美丽的社会主义现代化强国。到那时，我国物质文明、政治文明、精神文明、社会文明、生态文明将全面提升，实现国家治理体系和治理能力现代化，成为综合国力和国际影响力领先的国家，全体人民共同富裕基本实现，我国人民将享有更加幸福安康的生活，中华民族将以更加昂扬的姿态屹立于世界民族之林。"共同富裕是社会主义的本质要求，是中国共产党人始终如一的根本价值取向。邓小平同志提出，贫穷不是社会主义，共同富裕是社会主义的本质特征，鼓励一部分地区、一部分人先富起来，先富带动、帮助后富，最终达到共同富裕。习近平总书记指出："广大人民群众共享改革发展成果，是社会主义的本质要求，是我们党坚持全心全意为人民服务根本宗旨的重要体现。我们追求的发展是造福人民的发展，我们追求的富裕是全体人民共同富裕。"十八届五中全会通过的"十三五"规划建议提出了创新、协调、绿色、开放、共享五大发展理念，其中的共享发展就有这层含义。所谓共享发展就是人人参与、人人尽力、人人享有，要让更多人参与中国的现代化进程，分享中国改革发展现代化的成果。

《中华人民共和国国民经济和社会发展第十四个五年规划和2035年远景目标纲要》（以下简称《纲要》）明确指出，展望2035年，人均国内生产总值达到中等发达国家水平，人民生活更加美好，人的全面发展、全体人民共同富裕取得更为明显的实质性进展。2021年6月10日发布的《意见》指出，浙江省作为示范区首先探索和实现共同富裕。2021年8月17日，习近平总书记在中央财经委员会第十次会议上发表重要讲话，强调共同富裕是社会主义的本质要求，是中国式现代化的重要特征，要坚持以人民为中心的发展思想，在高质量发展中促进共同富裕。

党的十九大报告提出的2035年远景目标和2050年远景展望，都鲜明地体现了改善人民生活、缩小差距、实现共同富裕的要求。比如，到2035年的远景目标提出，"人民生活更为宽裕，中等收入群体比例明显提高，城乡区域发展差距和居民生活水平差距显著缩小，基本公共服务均等化基本实现，全体人民共同富裕迈出坚实步伐"；到2050年的远景展望提出，"全体人民共同富裕基本实现，我国人民将享有更加幸福安康的生活"。可见，实现共同富裕是第二个百年目标的重要任务，是全党全国人民在新时代的努力方向。

我国仍然是发展中国家，做大"蛋糕"是解决收入分配问题的根本途径。实现共同富裕离不开经济的高质量发展。高质量发展的本质内涵，是以满足人民日益增长的美好生活需要为目标、兼顾效率与公平的可持续发展。高质量发展要求稳定居民收入来源，促进居民消费，其根本目的在于扩大内需，促进经济增长，由此带来居民增收、消费扩大、经济增长、居民增收的良性循环。

具体而言，高质量发展有以下体现。第一，资源配置高效且合理，体现出市场在资源配置中的决定性作用。第二，技术水平和全要素生产率不断提高，在将科技进步转化为更高生产率和经济增长动力的同时，兼顾就业水平，避免技能有偏的技术进步对劳动力的过度替代。第三，生产要素、产业和最终产品在城乡、地区间均衡配置，进而促进城乡、区域间的均衡发展。乡村振兴使农村居民享有良好的公共服务；城乡融合发展使农民工有更多、更灵活的就业选择；充分利用区域比较优势，推动欠发达地区发展，缩小中西部与东部、南方与北方差距。第四，收入差距保持合理水平，形成中间大、两头小的橄榄型收入分配结构。

在高质量发展中推进共同富裕，首先应秉持以人民为中心的发展思想，按照"提低、扩中、限高"原则对不同收入水平群体设定不同政策路径。对于低、中收入群体来说，坚持按劳分配，努力实现劳动报酬和劳动生产率同步提高；调整经济结构，增加就业机会，构建高效、可持续发展的现代劳动力市场和劳动制度体系；拓宽居民劳动收入和财产性收入渠道，扩大中等收入群体比重，提高就业质量与收入水平；优化针对低收入群体的转移支付结构，强化社会保障兜底作用，减轻中等收入群体税收负担。对于高收入群体来说，依法保护合法收入，合理调节过高收入，鼓励高收入人群和企业更多回报社会；要保护合法产权，促进各类资本规范健康发展。

在高质量发展中推进共同富裕，还需要正确处理效率和公平的关系。首先要进一步释放效率，特别是促进低收入群体的发展，赋予低收入群体更多的资源和发展机会。要巩固脱贫攻坚成效，化解返贫风险，拓宽相对贫困群体增收渠道；要减少生产要素流动的制度性障碍，消除区域市场壁垒，促进要素自由流动，提高生产要素在空间上的配置效率；推动乡村振兴和城乡融合发展，赋予农村居民更多就业选择。其次，在保持效率的基础上维护分配公平。要推进税收制度改革，构建资产税框架，形成有助于扩大中等收入群体和有效调节高收入群体的税收体系；要加大税收、社保、转移支付等政策工具的精准性，重点保障民生支出，增加在教育和健康等人力资本方面的投入；建立科学有效的反垄断法规，维护市场竞争，削弱垄断行业工资溢价及垄断资本对市场机制的干扰。

总之，在高质量发展中推进共同富裕，既需要优化环境以发挥市场对推进共同富裕的基础性作用，又需要改进制度以完善政府对共同富裕的调控角色，多渠道共同发力，协调共进。

共同富裕的衡量标准

共同富裕有两层基本含义：一是"富裕"，即实现人民生活水平的全面提高；二是"共同"，即不平等程度缩小，全体人民更加均等地分享经济发展成果。从大历史观的视角来看，新时代实现共同富裕的目标侧重点应该落在"共同"上，在富裕的前提下追求"共同"。

19世纪，人类社会出现西欧处于中心和支配地位、中国不断落伍的"大分流"，中国从一个文明古国在近代沦入民族危亡之境地。中国的现代化从半殖民地半封建社会起步，在中国共产党领导下，进行了中国式现代化探索。改革开放以前，我国一直处于"共同贫穷"的状态。改革开放后，我们党深刻总结正反两方面历史经验，认识到贫穷不是社会主义，打破传统体制束缚，允许一部分人、一部分地区先富起来，推动解放和发展社会生产力,进入了"先富带后富"的发展阶段。在这一阶段,我国坚持"效率优先、兼顾公平"的原则,发展的侧重点在"富裕"上。

党的十八大以来,党中央把逐步实现全体人民共同富裕摆在更加重要的位置上,采取有力措施保障和改善民生,打赢脱贫攻坚战,全面建成小康社会,为促进共同富裕创造了良好条件。中国特色社会主义进入新时代,社会主要矛盾转化为人民日益增长的美好生活需要与不平衡不充分的发展之间的矛盾。为适应我国社会主要矛盾的变化,实现第二个百年奋斗目标,共同富裕的侧重点应该放在"共同"上,必须把促进全体人民共同富裕作为为人民谋幸福的着力点。

当然,现阶段必须认识到我国还处在社会主义初级阶段,并没有跨越中等收入阶段,所以不能以牺牲"富裕"而追求"共同",那将回到"共同贫穷"的老路。需要把共同富裕放在高质量发展的大逻辑、大框架中去实现。事实上,增长和分配互为因果关系。如果不增长,就没有所谓的共同富裕;如果分配不均,机会不平等程度高,反而会阻碍富裕。因此,要继续发挥市场在资源配置中的决定性作用,完善激励相容的市场机制,同时更好地发挥政府作用,创造平等的竞争机会,在再分配中着力缩小多维度的不平等。

在衡量标准方面,要紧紧抓住"富裕"和"共同"这两个关键词。在"富裕"的维度上,要力争通过高质量发展在2035年进入中等发达国家行列,人均GDP水平翻一番。此外,要坚持以人民为中心的发展思想。实现共同富裕必然意味着人的全面发展。《纲要》明确指出，展望2035年，人均国内生产总值达到中等发达国家水平。人民生活更加美好，人的全面发展、全体人民共同富裕取得更为明显的实质性进展。全体人民共同富裕的目标真正体现的是"以人民为中心的发展思想"，把增进人民福祉、促进人的全面发展作为出发点和落脚点。

首先，实现共同富裕就要摆脱多维贫困，实现多维富裕。经过党的十八大以来的持续奋斗，我国如期完成了脱贫攻坚目标任务，现行标准下农村贫困人口全部脱贫，实现了人类历史上的减贫奇迹。不少学者指出，2020年后缓解相对贫困和多维贫困问题是我国未来减贫的重点。多维贫困是指在度量贫困时不能仅将收入水平作为单一标准，而要结合教育、健康、住房、生活水平等多方面进行综合度量。联合国可持续发展目标提出，到2030年在全世界消除一切形式的贫困，凸显了解决多维贫困的重要性。实现共同富裕，即要解决多维贫困问题，最大限度地降低多维贫困发生率和多维贫困深度，最终实现全体人民在多维度指标上达到体面生活的标准，实现人的全面发展。

其次，实现共同富裕需要生活质量的全面提升。中华人民共和国成立70多年来，不同人群、不同维度的生活质量均有极大改善，人民群众的幸福感、获得感显著提升。在高质量发展阶段，进一步提升全体居民的生活质量是实现共同富裕的必要条件。以联合国公布的人类发展指数为例，1980年中国还处于低人类发展水平组，1995年后进入了中等人类发展水平组，2011年则达到了高人类发展水平，是40多年来在人类发展领域中进步最快的国家。然而，我国当前的人类发展指数还处于高人类发展水平组的底部，居民生活水平的差距还比较大，生活质量还有待全面提升。

从共同富裕的侧重点出发，共同富裕的衡量标准还包括多维度的不平等指标同时降低。

城乡、区域差距显著缩小

2020年国民经济和社会发展统计公报显示，2020年我国城乡居民人均可支配收入比值为2.56。尽管该比值在过去10年稳步缩小，但缩小幅度并不大，城乡差距、区域差距依然较大。共同富裕迈出实质性步伐意味着城乡之间、省与省之间、同省内不同区域之间的经济发展差距、收入差距要显著缩小。

居民收入和财产差距显著缩小

从2000年以来，我国居民收入的基尼系数始终在0.4以上，持续处于高位，这主要体现在劳动收入不平等水平较高、劳动收入份额占比较低。从存量来看，居民财产存量的基尼系数达到0.6以上，财产不平等程度甚至超过了收入不平等程度。这就导致我国的中等收入群体比重较低，收入分配格局不合理。实现共同富裕，就必须缩小居民的收入差距和财产差距，迈向橄榄型收入分配格局。

基本公共服务均等化

21世纪以来，我国基于自身实践开创性地提出"基本公共服务"的概念，一般可理解为与民生相关的、遵循公众平等享有原则的、适应阶段性经济社会发展需要而提供的核心公共服务。它具有阶段性特征，其内涵随着经济社会发展水平的变化而变化。当前我国基本公共服务主要包括基本公共教育、基本劳动就业创业、基本社会保险、基本医疗和公共卫生、基本社会服务、基本住房保障、基本公共文化体育、基本公共安全、基本生态环境保障和残疾人基本公共服务10个项目。基本公共服务均等化指在一个国家内，使城乡之间、不同区域之间、不同群体之间享有的基本公共服务大致均等的过程。

虽然我国近些年不断推行基本公共服务均等化进程，但截至2021年，不同区域之间、不同人群之间的基本公共服务水平仍具有差异性。

不同区域之间，基本公共服务均等化水平存在差异。魏福成和胡洪曙（2015）研究发现，2005—2012年省际综合基本公共服务均等化水平偏低，但均等化程度稳定上升；辛冲冲和陈志勇（2019）研究发现，2007—2016年中国公共服务总体差异呈现趋缓下降态势，而区域间差异是总体差异的最大来源。

总体而言，东中部的基本公共服务水平与西部的基本公共服务水平差异较大，且依据2003—2018年中国270个地级市层面数据与Dagum基尼系数分解（Dagum，1997）和空间面板模型分析，地区间的差异性呈上升趋势。而对于区域内部，东部地区基本公共服务均等化水平高于中部和西部。城市的基本公共服务均等化水平高于农村。部分城市会出现基本公共服务水平高，而均等化的水平较低的现象，如北京等一线城市虽公共服务水平高，但城乡基本公共服务水平差异较大。

同一地理区域内，不同人群之间享受的公共服务也存在不均等现象，这主要是受户籍制度的影响。事实上，户籍制度改革的最终目的就是保证在同一个区域内生活的人获得均等化的公共服务与社会待遇，而不受户籍属性的限制，这既是推进新型城镇化的需要，也是实现社会公平的基本要求。

当前，不同户籍属性的人在同一生活区域内所享受的公共服务不均等问题主要体现在经济发达的东部地区和大城市。自2001年公安部发布《关于推进小城镇户籍管理制度改革的意见》以来，小城镇的户籍大幅放开。2014年国务院印发《国务院关于进一步推进户籍制度改革的意见》以来，在一些小城镇，只要公民在本地有稳定收入的工作或住房，就可以将户口迁入当地。尽管政府采取了这样的激励措施，但是选择迁居中小城市的人数还是不多，这主要是因为中小城市在提供就业机会、公共服务和社会福利等方面相对薄弱。

在经济发达地区的大中城市，大量的农民工和外来人口依然无法享受到和本地居民相同的基本公共服务，比如保障性住房、子女教育、社会保障等。

保障性住房主要倾斜当地户籍人口

当前,国内大城市的房价高居不下,对大多数人来讲难以承受。很多地方政府对持有当地户口的低收入人群提供一定形式的保障性住房,包括廉租房、经济适用房、限价房、自住型商品房等。当地的城镇居民能以相对便宜的价格居住或拥有住房。但是,农民工等外来人口即使常年工作和生活在这些大城市,也很难享受相关住房优惠政策。

外来人口子女在迁移地接受教育仍有困难

关于学生教育,国务院于2001年5月颁布了《关于基础教育改革与发展的决定》〔国发(2001)21号〕,提出地方人民政府要充分发挥公办中小学的作用,解决流动人口子女接受九年义务教育的问题。近年来,一些大城市为解决流动人口子女教育的问题做出了很多尝试,但仍然存在很多问题。例如,一线城市的公办学校入学条件非常严格。外来人口必须提供在本地正式工作的有效证明(劳动合同)或社会保险缴费记录,其子女才可以在当地的公办学校就读。但是,很多外来人口无法获得稳定的正式工作,也没有缴纳社会保险,他们的子女就只能在打工子弟学校接受教育,这些学校的学习条件简陋,教学质量低,上课情况不稳定。况且,即使父母能够提供工作证明,其子女能否在迁移地接受教育还取决于当地公立学校的容量。只有在满足本地户籍的孩子需求之后,余下的名额才能分配给外来务工人员子女。

除此以外，义务教育只包括小学和初中教育，外来人口的子女在高中入学的问题上面临更加严格的程序、更加苛刻的条件和更加繁重的经济负担。按照高考制度，外来务工人员子女不能在当地参加高考，所以这些外来人口的子女即使在当地就读高中，也要回到户口所在地参加高考。

外来人口很难享受迁移地的社会保障

中国的社会保障体系包括三个方面：社会救助、社会福利和社会保险。社会救助是政府给予生活在社会底层的人的救助，例如最低生活保障，对于家庭人均收入低于当地最低生活标准的本地人口由政府给予一定现金资助，但是非本地户籍人员是无法享受的。社会福利包括残障福利、老年人免费游览公园等，但是外来人口通常不在社会救助和社会福利的覆盖范围内。

在同一个国度内，不同人群、不同地域应该享受均等化的基本公共服务，这也是共同富裕的重要衡量标准之一。要认真贯彻落实党的十九届四中全会的《中共中央关于坚持和完善中国特色社会主义制度、推进国家治理体系和治理能力现代化若干重大问题的决定》要求，健全幼有所育、学有所教、劳有所得、病有所医、老有所养、住有所居、弱有所扶等方面国家基本公共服务制度体系，实现基本公共服务均等化。

共同富裕的长期性与复杂性

2016年1月18日，习近平总书记在省级主要领导干部学习贯彻党的十八届五中全会精神专题研讨班上的讲话中指出，"我国正处于并将长期处于社会主义初级阶段，我们不能做超越阶段的事情，但也不是说在逐步实现共同富裕方面就无所作为，而是要根据现有条件把能做的事情尽量做起来，积小胜为大胜，不断朝着全体人民共同富裕的目标前进"。当前，我国既面临收入不平等程度高居不下、城乡收入差距过大、劳动份额占比较低等老问题，又面临技术进步和人口老龄化可能带来的对收入分配的新挑战，发展不充分不平衡的一些突出问题尚未解决。

主要经济社会发展指标与发达国家相比仍存在差距

从经济产出和效率方面来看,我国与发达国家仍存在差距

自改革开放以来,我国的经济总量快速增长。图3.1和图3.2分别展示了1971—2019年和1990—2020年我国与美国、英国、德国、法国、日本的GDP变动情况。基于世界银行的测算,无论是以2010年不变价美元计算还是经购买力平价(PPP)调整

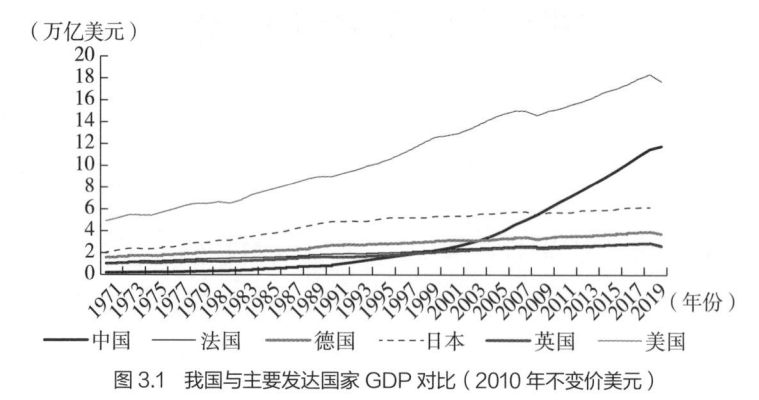

图3.1 我国与主要发达国家GDP对比(2010年不变价美元)

数据来源:世界银行World Development Indicators数据库。

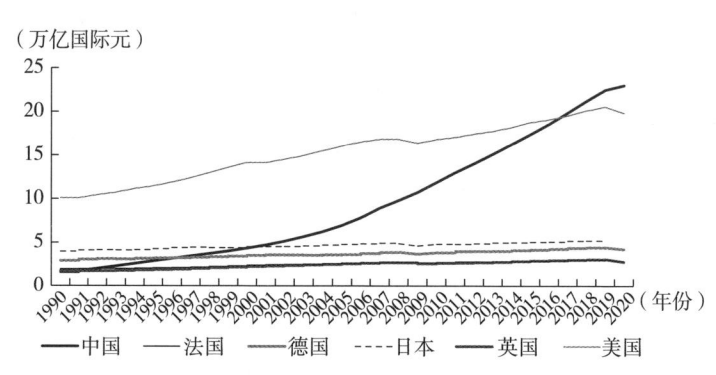

图3.2 我国与主要发达国家GDP对比(PPP,2011年不变价国际元)

数据来源:世界银行World Development Indicators数据库。

后的 GDP 计价，我国经济总产出逐步超过英、法、德、日并逼近美国。若按 2010 年不变价美元测算的 GDP 计，我国在 2009 年前后已经跃居世界第二大经济体。若按购买力平价调整后的 GDP 计，2017 年前后我国的 GDP 超过美国。

然而，我国的人均 GDP 产出与发达国家相比仍有较大差距。图 3.3 和图 3.4 展示了我国与主要发达国家人均 GDP 的变动情况。尽管自 21 世纪以来我国的人均 GDP 快速增长，但从绝对水平上

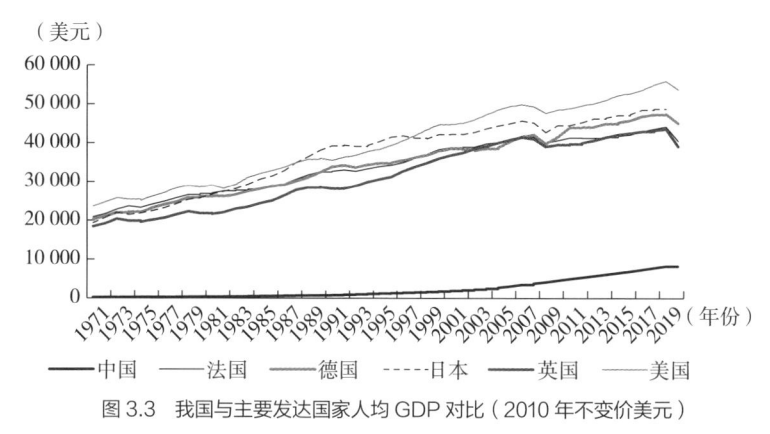

图 3.3　我国与主要发达国家人均 GDP 对比（2010 年不变价美元）

数据来源：世界银行 World Development Indicators 数据库。

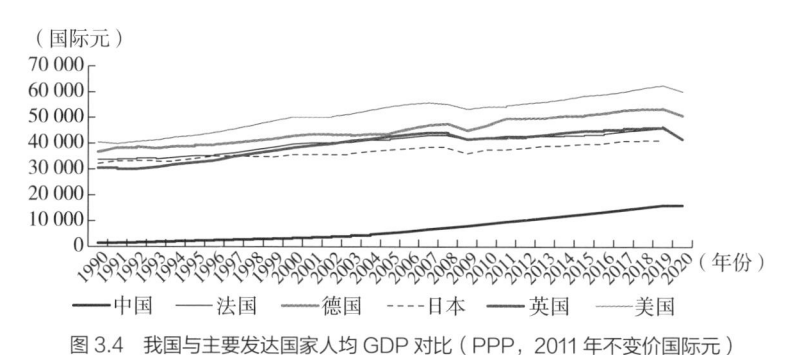

图 3.4　我国与主要发达国家人均 GDP 对比（PPP，2011 年不变价国际元）

数据来源：世界银行 World Development Indicators 数据库。

来看与发达国家相比仍有巨大差距。以 2010 年不变价美元计价，我国 2019 年人均 GDP 为 8 405.18 美元，仅为美国 53 748.97 美元的 15.64%。

同时，与发达国家相比，我国的居民总消费和人均居民消费支出较低。由图 3.5 和图 3.6 可知，目前我国居民最终消费总支出已经超越日本，但距离美国仍有巨大差距。从人均水平来看，我国的人均消费支出仍远低于主要发达国家。

我国的城镇化率也在飞速增长，并逐渐接近发达国家水平。图 3.7 显示了我国与主要发达国家人口城镇化率的变化。经过近 50 年的发展，我国的人口城镇化率从 1971 年的 17.29% 增长到 2019 年的 61.43%，但相较于主要发达国家 80% 以上的城镇化率，我国城镇化水平仍有较大提升空间。

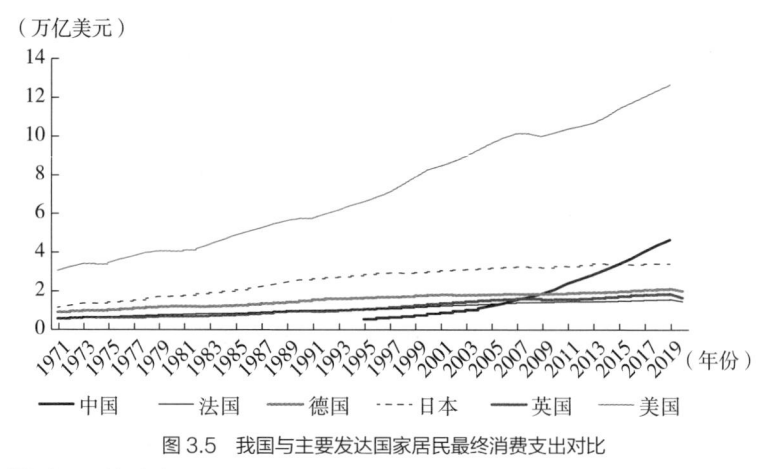

图 3.5　我国与主要发达国家居民最终消费支出对比

数据来源：世界银行 World Development Indicators 数据库。

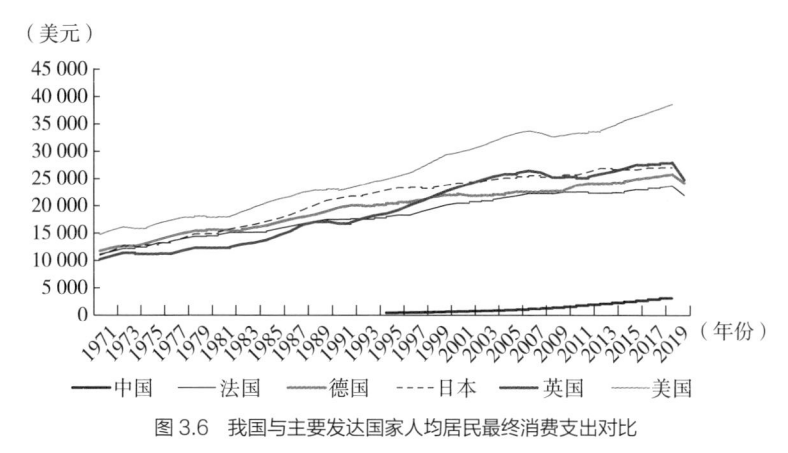

(美元)

图 3.6　我国与主要发达国家人均居民最终消费支出对比

数据来源：世界银行 World Development Indicators 数据库。

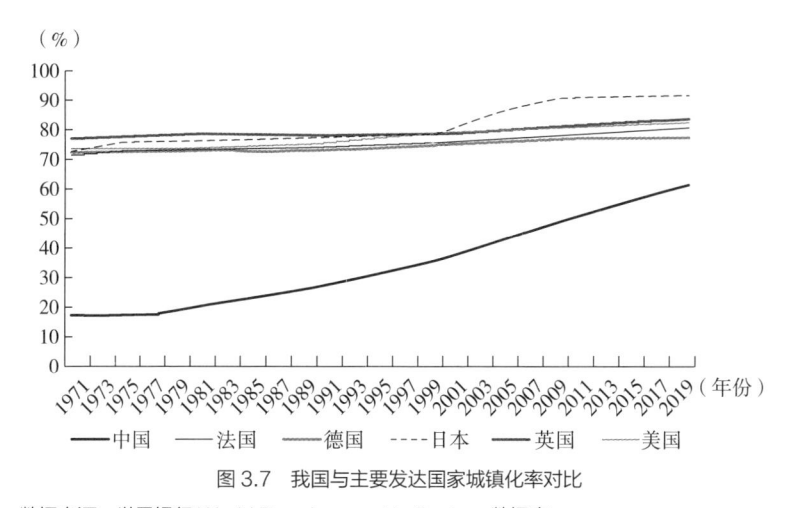

图 3.7　我国与主要发达国家城镇化率对比

数据来源：世界银行 World Development Indicators 数据库。

除了经济产出的差距，我国在经济效率上也与发达国家存在显著差距。图3.8和图3.9报告了我国与主要发达国家劳动生产率和TFP（全要素生产率）的测算结果。根据ILO（国际劳工组织）的测算，尽管我国的劳动生产率（以2010年不变价美元计）

从2008年的6 668.88美元增长到2019年的15 038.39美元，但距离25 623.14美元的世界平均水平和80 000～100 000美元的发达国家水平仍有巨大差距。同样，根据宾州大学世界表10.0的测算（见图3.9），我国的TFP水平也远低于主要发达国家，仅为美国的40%左右。

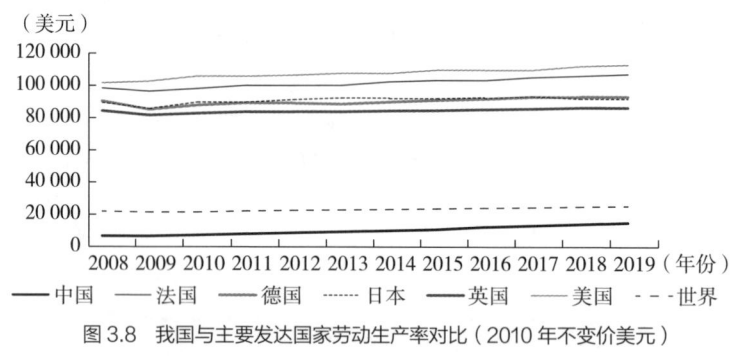

图3.8 我国与主要发达国家劳动生产率对比（2010年不变价美元）

数据来源：国际劳工组织。

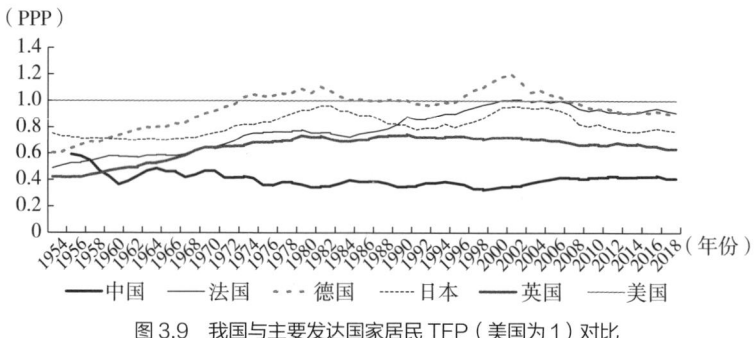

图3.9 我国与主要发达国家居民TFP（美国为1）对比

数据来源：宾州大学世界表10.0中的CTFP。

在人的全面发展方面，我国距离发达国家尚有差距

随着我国经济社会的发展，我国在人的全面发展方面也取得了不俗成就，但与发达国家相比尚有差距。如图 3.10 所示，自 1960 年起，我国的预期寿命有了长足进步，并逐渐接近发达国家水平。2019 年我国的预期寿命达到 76.91 岁，但与美国的 78.79 岁和其他国家 80 岁以上的预期寿命仍有一定差距。

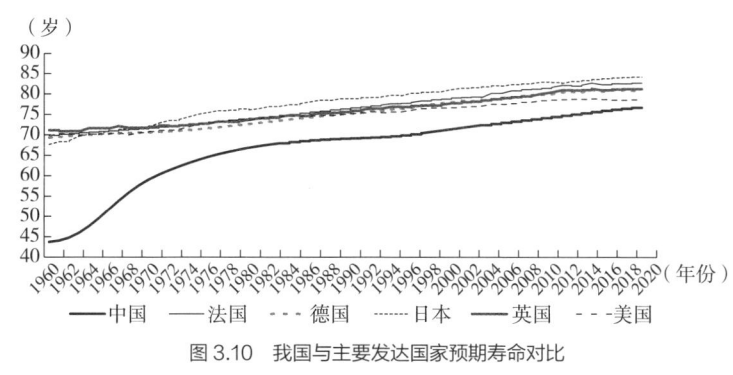

图 3.10 我国与主要发达国家预期寿命对比

数据来源：世界银行 World Development Indicators 数据库。

从人的全面发展程度来看，无论是 HDI（人类发展指数）还是 HCI（人力资本指数），我国与发达国家相比仍有较大差距。图 3.11 展示了我国与主要发达国家人类发展指数的变化情况，这一指数是联合国开发计划署基于预期寿命、教育水平和生活质量三项基础变量测算的综合指标。主要发达国家的 HDI 排名在前 20 左右，而我国排名为世界第 85 位。尽管这几年进步明显，2014—2019 年排名提升 12 位，但与主要发达国家相比仍有较大差距。同样，在世界银行测算的人力资本指数方面我国尽管也有不俗的成绩，但仍有很大进步空间。表 3.1 报告了 2020 年我国和主要发达国家人力资本指数的具体情况，这一指数度量了相较于接受完整教育和全面健康的情况下，在该国出生的儿童有望实现其潜在人力资本的程度。由表 3.1 可知，2020 年我国的 HCI 为 0.64，低于美国（约 0.69）和其他几个国家的高水平。具体来说，在存活概率方面，我国已与发达国家水平相当；但在预期受教育年限，尤其是教育质量（统一考试成绩和经学习调整的受教育年限）方面仍有不小的差距。

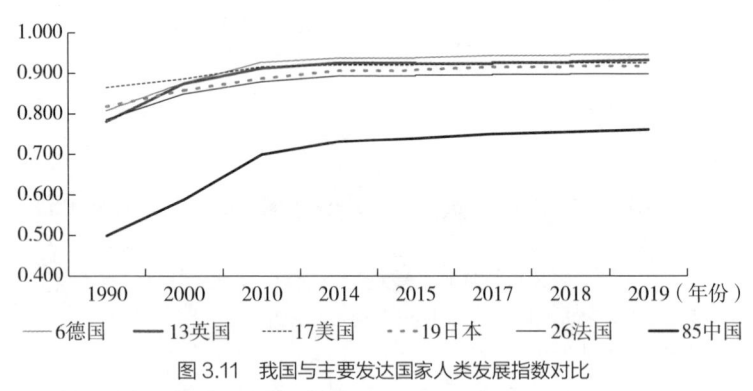

图 3.11 我国与主要发达国家人类发展指数对比

数据来源：联合国开发计划署 HDI 数据库。

表 3.1 2020 年我国和主要发达国家的人力资本指数对比

国家	HCI 2020	存活到 5 岁的概率	预期受教育年限	统一考试成绩	经学习调整的受教育年限	存活至成年的概率
中国	0.640 0	99.14%	13.14	441.00	9.27	92.36%
法国	0.754 5	99.60%	13.80	510.26	11.27	92.60%
德国	0.740 1	99.63%	13.33	517.28	11.03	93.09%
日本	0.796 8	99.75%	13.64	537.72	11.74	94.85%
英国	0.774 9	99.57%	13.86	520.36	11.54	93.34%
美国	0.692 5	99.35%	12.89	511.80	10.56	88.95%

数据来源：世界银行 The Human Capital Index 2020。

城乡和区域发展差距较大

城乡二元结构问题仍然严重，居民收入和生活水平差异显著

党的十九大报告首次提出实施乡村振兴战略，强调建立健全城乡融合发展体制机制和政策体系。图3.12显示2010—2020年我国城乡收入差距呈现逐渐下降趋势，但仍处于高度不平衡区间。2010年我国城乡居民人均可支配收入分别为18 779元和6 272元，2020年分别上涨至43 834元和17 132元。在这期间，城乡居民人均可支配收入比从3∶1下降至2.6∶1，但绝对差距从12 507元上升至26 702元。这说明，城乡居民收入的相对差距略有缩小，但绝对差距仍在增大。

城乡居民在收入构成上也存在较大差异，主要体现在财产性收入上。2020年城镇居民人均财产性收入为4 627元，占人均可支配收入的比重为11%，与2010年相比增长了9倍。而2020年农村居民人均财产性收入仅为419元，占人均可支配收入的比重仅为2%。城乡人均财产性收入比高达11∶1。

随着收入水平的提高，城乡居民消费差距逐渐缩小，但城乡消费水平差异仍不容忽视（见图3.13）。2020年城乡居民人均消费支出分别为27 007元和13 713元，城乡比约为2∶1，其中，人均居住消费支出城乡差距最大，城乡比为2.3∶1，绝对差距为3 995元。近年来党和国家一系列支农惠农政策的贯彻落实和乡村振兴战略的推进，增强了农民的购买能力和消费意愿，但仍须加大力度进一步缩小城乡居民支出差距。

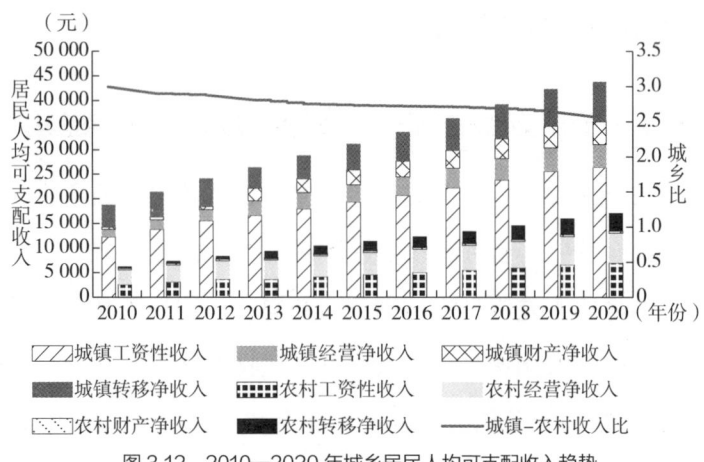

图 3.12　2010—2020 年城乡居民人均可支配收入趋势

数据来源：《中国统计年鉴》。

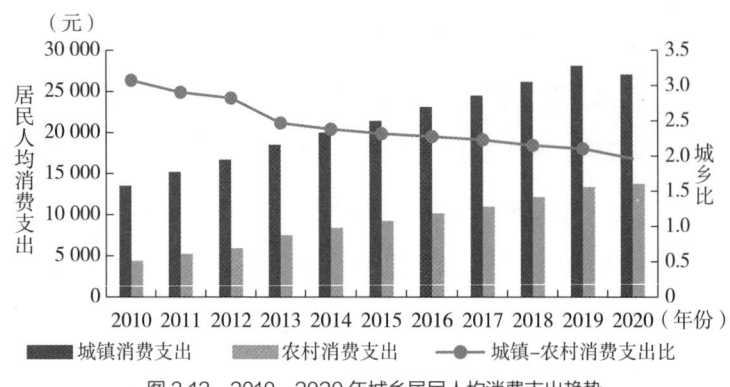

图 3.13　2010—2020 年城乡居民人均消费支出趋势

数据来源：《中国统计年鉴》。

城乡居民在教育、医疗、基础设施等领域存在较大差距

城乡在人口受教育状况和教育资源配置方面仍存在较大的不平衡问题。2010 年我国城镇和农村 6 岁以上人口高中及以上占比分别为 34% 和 10%，2020 年上升至 43% 和 16%，城乡比从

3.46∶1 下降至 2.68∶1（见图 3.14），但绝对差距从 24% 上升至 27%。从教育投入来看，2018 年我国城镇高中及以下阶段生均教育经费支出为 51 657 元，比农村 43 845 元高出 18%，并且这个差异在 2010—2018 年没有明显的改善。

城乡医疗资源差距也非常明显，农村医疗资源较为落后。2019 年，我国城市卫生技术人员数达到 11 人 / 千人，而农村仅有 5 人 / 千人，城乡比为 2.24∶1，城乡不平衡程度较高，且较 2010 年没有明显减弱。

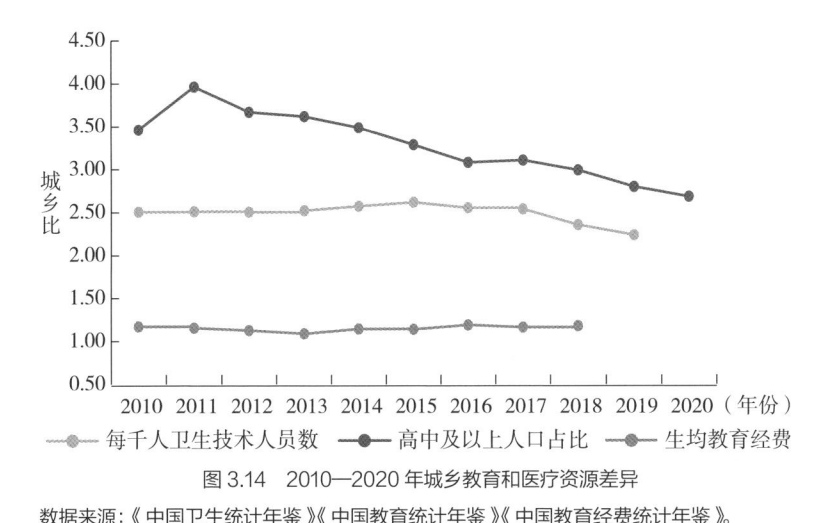

图 3.14　2010—2020 年城乡教育和医疗资源差异

数据来源：《中国卫生统计年鉴》《中国教育统计年鉴》《中国教育经费统计年鉴》。

如图 3.15 所示，2010—2020 年城乡在基础设施发展方面的差距有明显的收敛态势，尤其是互联网迅速普及发展，但城乡分布不均现象仍然存在。互联网普及率是反映信息技术和通信等基础设施发展情况的重要指标，是经济发展的新引擎、改善民生的新抓手。我国城镇互联网普及率从 2010 年的 50% 上升至

2020年80%，农村互联网普及率从19%上升至56%，城乡比为1.43∶1。2020年，城镇的供水普及率、燃气普及率以及排水管道密度分别是94%、79%和8.9公里/平方公里，均显著高于农村的86%、44%和8.5公里/平方公里。

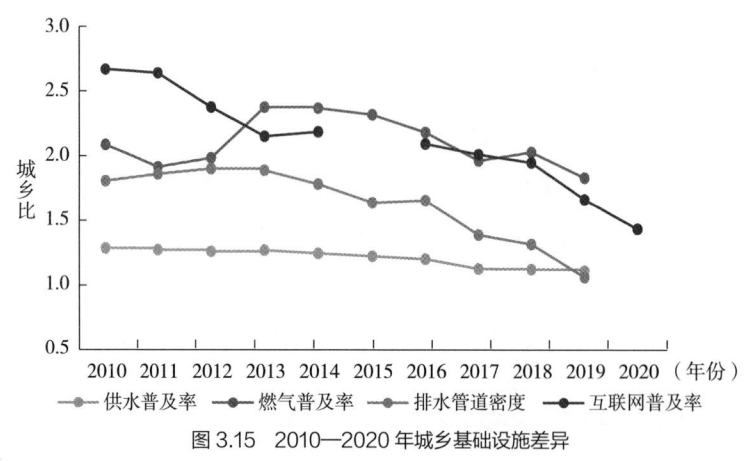

图3.15　2010—2020年城乡基础设施差异

数据来源：《中国城乡建设统计年鉴》《中国互联网络发展状况统计报告》。

地区间经济社会发展不平衡现象突出

有效推进区域协调发展和新型城镇化是构建新发展格局的重要途径。2019年我国人均GDP首次突破了1万美元，意味着中国已经进入中高等收入国家行列的偏高水平，但区域间发展仍存在明显差异化特征。

从人均GDP水平来看（见图3.16），2020年超过全国人均GDP 72 447元的省市只有10个；超过10万元的省市有6个，北京以16.5万元排名第一，其次是上海、江苏、福建、天津和浙江（10万元）；排位最后的三个省区是广西（4.4万元）、黑龙江（4.3

万元）和甘肃（3.6万元）。

从城镇化进程来看，人口城镇化率在70%以上的省市有7个，分别是上海、北京、天津、广东、江苏、浙江和辽宁，有14个省区的人口城镇化率在60%~70%。中西部地区仍有较大的城镇化发展空间，广西、贵州、甘肃和云南的人口城镇化率只有50%~54%。

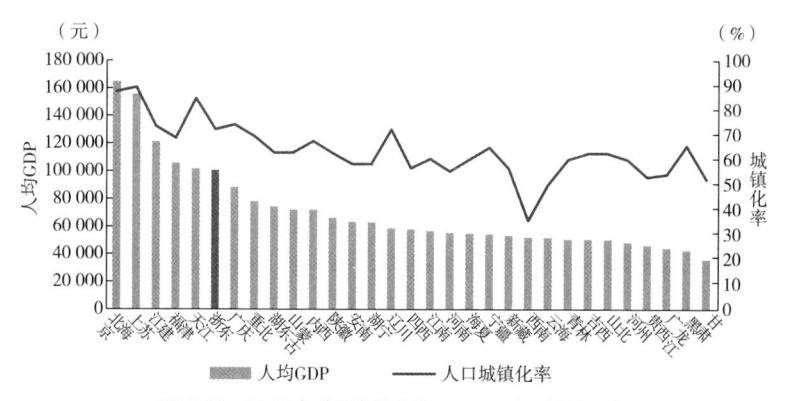

图3.16 2020年我国各地人均GDP和人口城镇化率

数据来源：《中国统计年鉴》。

从人均可支配收入来看（见图3.17），2020年上海居民人均可支配收入首次超过7万元，位列第一，浙江（52 397元）位列第三，只有9个省市超过全国人均可支配收入（32 189元），20个省区（多数为中西部地区）人均可支配收入低于3万元。

从城乡居民收入来看，2020年浙江省城乡居民可支配收入分别位居全国第三和第二，而且城乡居民收入比仅有1.96，总体上反映了浙江省区域城乡融合发展的路径。全国只有天津、黑龙江和浙江的城乡居民收入比缩小到2以内，宁夏、西藏、陕西、青海、云南、贵州、甘肃这 7 个西部地区的城乡收入差距较大。

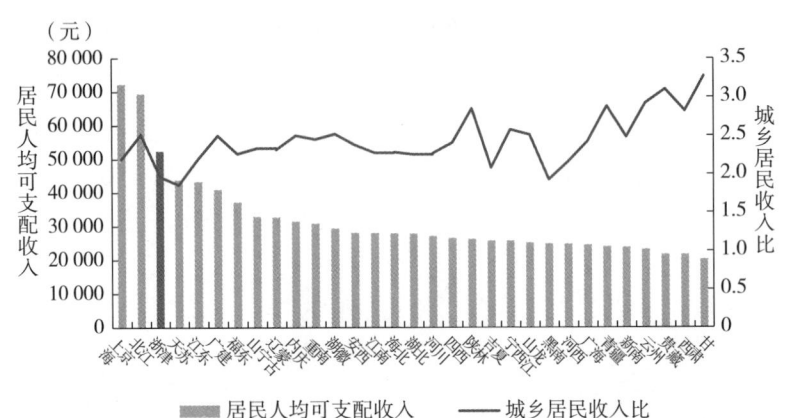

图 3.17　2020 年我国各地居民人均可支配收入和城乡收入比
数据来源：《中国统计年鉴》。

收入和财产差距保持高位

收入差距略有缩小，但依然较大

从 2000 年以来，我国居民收入的基尼系数始终在 0.4 以上，持续处于高位，这主要体现在劳动收入不平等水平较高、劳动收入份额占比较低。这就导致我国的中等收入群体比重较低，收入分配格局不合理。实现共同富裕，就必须缩小居民的收入差距，迈向橄榄型收入分配格局。

图 3.18 展示了我国 1988—2019 年基尼系数的变化趋势。1988 年基尼系数为 0.38，处于较低水平；1995 年基尼系数跃升至 0.46，2008 年更超过 0.49；2008 年后，基尼系数有所回落，但始终处

于较高水平，稳定在 0.46 左右。中国收入分配的态势与国际形势基本一致。中国收入极化趋势与美国相当，略好于俄罗斯、印度等国家。

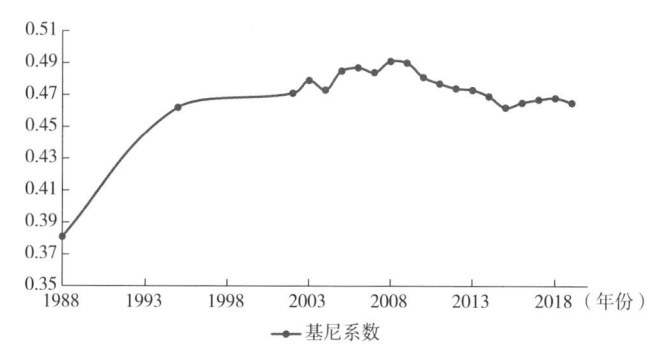

图 3.18　1988—2019 年我国基尼系数

数据来源：1988、1995 和 2002 年数据源自 Luo et al., (2020)；其他年份数据源自《中国统计年鉴》（摘自 CMF 报告）。

此外，2013 年以来，中国收入前 20% 群体的平均收入是后 20% 群体的 10 倍以上，且并无明显缩小态势。表 3.2 显示，2013—2019 年各年度，最低 20% 的低收入户的人均可支配收入均不到最高 20% 的高收入户的 1/10，而且该比例长期基本不变。从绝对收入差距看，随着时间的推移，低收入户与高收入户人均可支配收入的差距不断扩大，由 2013 年的 43 054.2 元增加到 2019 年的 69 020.3 元。

表 3.2　全国居民按收入分组的人均可支配收入

组别	2013 年	2014 年	2015 年	2016 年	2017 年	2018 年	2019 年
低收入户（20%）	4 402.4	4 747.3	5 221.2	5 528.7	5 958.4	6 440.5	7 380.4

续表

组别	2013年	2014年	2015年	2016年	2017年	2018年	2019年
中等偏下（20%）	9 653.7	10 887.4	11 894	12 898.9	13 842.8	14 360.5	15 777
中等收入（20%）	15 698	17 631	19 320.1	20 924.4	22 495.3	23 188.9	25 034.7
中等偏上（20%）	24 361.2	26 937.4	29 437.6	31 990.4	34 546.8	36 471.4	39 230.5
高收入户（20%）	47 456.6	50 968	54 543.5	59 259.5	64 934	70 639.5	76 400.7
绝对收入差值	43 054.2	46 220.7	49 322.3	53 730.8	58 975.6	64 199	69 020.3
低收入户/高收入户	9.28%	9.31%	9.57%	9.33%	9.18%	9.12%	9.66%

数据来源：《中国统计年鉴》。

中等收入群体比重依然较低，橄榄型收入分配格局尚未形成

当前，我国正处于由金字塔型社会向橄榄型社会的过渡阶段，与欧美等发达国家相比，我国的中等收入群体比重相对较低，并且其收入水平不高。早在2016年5月召开的中央财经领导小组第十三次会议上，习近平总书记就提出扩大中等收入群体，并强调扩大中等收入群体是转变发展方式、调整经济结构的必然要求，是维护社会和谐稳定、国家长治久安的必然要求。《纲要》提出，要持续提高低收入群体收入，扩大中等收入群体。

以CFPS（中国家庭跟踪调查）2018年调查中样本城镇家庭[①]

---

① 城镇家庭指户主为城镇常住人口且为非农户籍的家庭。

人均纯收入中位数的50%（含）和200%（含）为中等收入人群的下限与上限，将各个年度家庭人均纯收入落入对应区间的家庭①定义为中等收入家庭，中等收入家庭的成员定义为中等收入群体。统计结果显示，城镇家庭人均纯收入的中位数为34 200元，中等收入区间为[17 100, 68 400]。

根据上述中等群体的定义，近10年来我国中等收入群体的规模不断增长，近半数家庭加入中等收入家庭，但这一比重仍然偏低。2010—2018年，中等收入家庭样本数占总样本的比例由16.2%上升至46.5%。图3.19显示，2010—2018年，高收入家庭的占比变化不大，在中等收入家庭占比由16.2%上升到46.5%的同时，低收入家庭的比例由76.6%下降到43.9%。

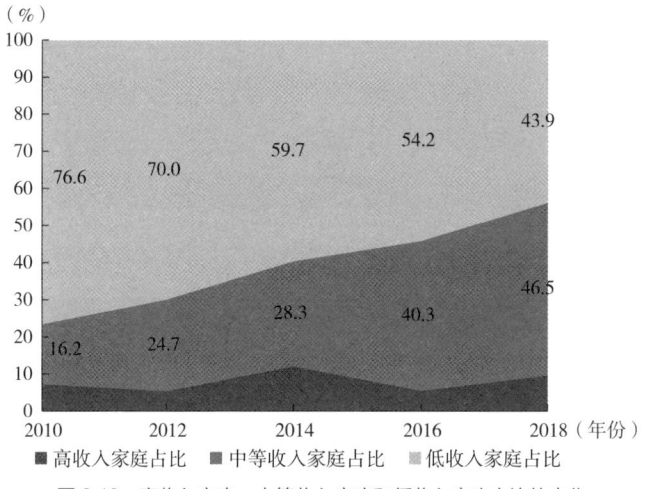

图3.19 高收入家庭、中等收入家庭和低收入家庭占比的变化

数据来源：作者根据CFPS计算。

---

① 此处的家庭是包含农村和城镇等的所有样本家庭。

财产分布差距快速扩大

从存量来看，居民财产存量的基尼系数达到 0.7 以上，财产不平等程度甚至超过了收入不平等程度。表 3.3 展示了不同学者估算的我国 1988—2016 年财富基尼系数。1988 年，中国财富基尼系数为 0.34，略低于同期的收入基尼系数。但财富基尼系数随时间快速增长，在 2000 年左右突破 0.5，在 2005 年后突破 0.6，在 2010 年后维持在 0.7 以上，目前已达到 0.8。

表 3.3 中国财富基尼系数（1988—2016 年）

年份	财富基尼系数	来源
1988	0.34	李实等（2000）
1995	0.40	李实等（2000）
1999	0.52	Meng（2007）
2002	0.55	李实等（2005）
2006	0.686	李培林等（2008）
2010	0.739	Li & Wan（2015）
2012	0.73	谢宇和靳永爱（2014）
2013	0.747~0.876	罗楚亮和陈国强（2021）
2016	0.796~0.856	罗楚亮和陈国强（2021）

图 3.20 的各阶层财富占比趋势反映了我国财富分布差距的快速扩大。从 1995 年到 2015 年，前 1% 群体的财富占比从 15.8% 上升至 29.6%，前 10% 群体的财富占比从 40.8% 上升至 67.4%，后 50% 群体的财富占比从 16.0% 下降至 6.4%。

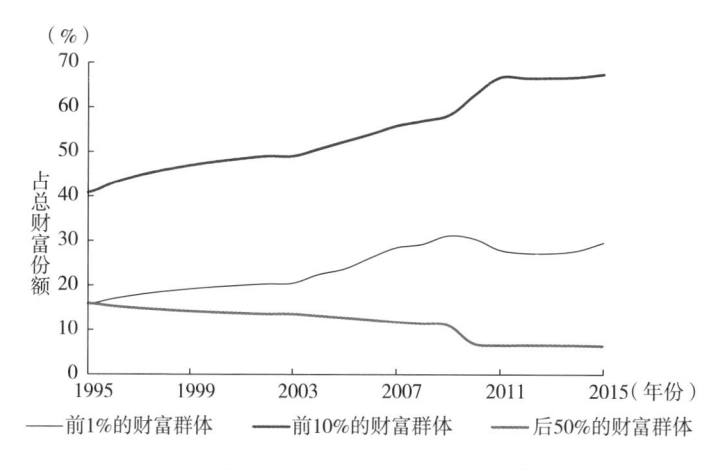

图3.20　中国不同财富阶层的财富占比趋势

数据来源：wid.world 和 Piketty 等（2019）。

前1%的财富群体　　前10%的财富群体　　后50%的财富群体

我国财富差距不断扩大，主要原因可归结为劳动市场收入差距扩大、资本市场迅猛发展和房地产市场化，而我国现阶段对财富不平等的关注较少，遗产税、房产税、赠与税等政策手段不太完善。首先，户籍制度产生了教育二元分割，教育资源不均等逐渐使城镇人口和农村人口的人力资本积累形成鲜明对比。改革开放后，我国收入分配制度由平均主义向按劳分配转化，教育回报率大大提升。伴随市场化进程加快，劳动者之间日益扩大的工资收入流量差异日积月累，最终形成财富的存量差距。其次，日益成熟的资本市场为积累了大量财富的高收入阶层提供了资本增值的有利条件。高收入阶层的受教育程度普遍高于低收入阶层，对资本市场和金融知识了解更加深刻，具有通过金融工具合理配置资产以实现高收益的能力。富人通过资本市场运作实现的财产性收入将进一步扩大与穷人的收入差距。最后，房产是中国家庭最重要的财产持有形式，房屋产权和房屋价格变动均会导致居民财富分布改变，房产价值上升速度高于收入增长速度是导致我国财富极化强于收入极化的重要原因。我国自1998年起推行住房制度改革，房屋产权在国有部门和私营部门之间分配不均，城镇公有住房的私有化扩大了城乡之间乃至全国财产的收入差距。早期房地产市场发展不规范，行政化的土地审批制度造就了一批富人阶层，房产带来的租金收入加剧了城乡之间和城镇内部的财富不平等。此外，近年来房屋价格大幅上涨进一步加剧了城乡之间、不同城市间房产价值差异。

考虑到当前的经济发展阶段以及在共同富裕方面的差距，要充分认识到实现共同富裕的长期性、艰巨性和复杂性，分阶段扎实促进共同富裕。实现共同富裕是一个永恒的命题，在不同发展阶段富裕的标准也会变化，要用大历史观看待共同富裕问题，不能劫富济贫，不能搞平均主义。要鼓励勤劳创新致富，坚持在发展中保障和改善民生。优先发展教育事业，为人民提高受教育程度、增强发展能力创造更加普惠公平的条件，畅通向上流动通道。给更多人创造致富机会，形成人人参与的发展环境，允许一部分人先富起来，先富带后富、帮后富，鼓励辛勤劳动、合法经营、敢于创业的致富带头人。

实践篇

共同推进共同富裕

第四章

顶层设计的原则与政策

顶层设计的指导原则

顶层设计对于指导经济发展与改革具有重大的意义，随着我国经济规模的不断增长，在风险与机遇并存的情况下，影响中国经济发展的因素也越来越复杂。与此同时，经济与社会中积累的深层次矛盾问题越来越多。为了避免"头痛医头、脚痛医脚"，实现自上而下的系统谋划，从源头上化解积弊，在重点领域取得突破，必须有顶层设计。做好共同富裕的顶层设计，要遵循以下原则。

坚持共同奋斗

共同富裕要靠共同奋斗，这是根本途径，也是进行顶层设计的首要原则。习近平总书记多次在讲话中指出，"新时代是奋斗者的时代""幸福都是奋斗出来的""奋斗本身就是一种幸福,只有奋斗的人生才称得上幸福的人生"。奋斗对于人类的发展进步具有重要的意义和价值,是人类发展的主题,也是人类发展的巨大动力。回顾人类发展的历史,人类社会创造和积累的一切物质财富、精神财富,都是人类一代代接续奋斗的结果。没有奋斗,人类社会就无法进步,历史就无法前进,这是人类发展的基本规律之一。在中国特色社会主义新时代,奋斗对于进行中国特色社会主义建设也有着巨大的意义和价值,这是中国特色社会主义新时代的鲜明主题,也是促使社会中每个个体发展与进步,进而实现共同富裕的动力和杠杆。

奋斗不仅能推动个体进步和社会发展,奋斗和幸福也有着紧密的关系。奋斗是幸福的源泉,奋斗的过程就是创造幸福的过程。纵观人类历史发展,一个人的幸福要靠奋斗获得,一个民族和人民的幸福也要靠奋斗创造。改革开放以来,我国综合国力不断增强,人民的生活水平不断提高,人民的获得感和幸福感也不断增强,中国人民的物质生活和精神生活都得到了显著的改善。但是,党的十九大报告指出,我国社会的主要矛盾已经转变为人民日益增长的美好生活需要和不平衡不充分的发展之间的矛盾,这一事实表明,我国的社会发展仍然有很多改善的空间,发展仍然存在不充分和区域、城乡、行业之间不平衡的问题,人民的幸福感、获得感还需要进一步提高。因此,我们仍然需要继续艰苦奋斗,努力拼搏,在奋斗中不断满足人民对美好生活的需要,在奋斗中获得幸福,未来的幸福仍然需要奋斗和创造。

因此,幸福生活都是奋斗出来的,共同富裕必须靠共同奋斗来创造,只有人人参与、人人尽力,才能真正实现人人享有,最终实现共同富裕。要扎实推进基本公共服务均等化,不能落入"福利主义"的陷阱,实现共同富裕不能"等靠要",不能"养懒汉",必须坚持共同奋斗。坚持共同奋斗,要鼓励勤劳致富、创新致富。一方面,要发挥人民群众的勤劳智慧,鼓励辛勤劳动、合法经营、敢于创业的致富带头人,允许这一部分致富带头人先富起来,先富带后富、帮后富,不搞"杀富济贫"。另一方面,要坚持创新的发展理念,鼓励创新,坚持在发展中保障和改善民生,把推动高质量发展放在首位,提高人民群众的创新技能和能力,提升全社会的人力资本和专业技能,提高就业创业能力,增强致富本领,实现创新致富。同时,要注意防止社会阶层固化,畅通向上的流动通道,给更多人提供创造和致富的机会,形成人人参与的发展环境,避免"内卷"和"躺平"。

坚持基本经济制度

党的十九届四中全会审议通过的《中共中央关于坚持和完善中国特色社会主义制度、推进国家治理体系和治理能力现代化若干重大问题的决定》(以下简称《决定》)指出,"公有制为主体、多种所有制经济共同发展,按劳分配为主体、多种分配方式并存，社会主义市场经济体制等社会主义基本经济制度，既体现了社会主义制度优越性，又同我国社会主义初级阶段社会生产力发展水平相适应，是党和人民的伟大创造"。《决定》将公有制为主体、多种所有制经济共同发展，按劳分配为主体、多种分配方式并存，社会主义市场经济体制三项制度并列，都作为社会主义基本经济制度，是对社会主义基本经济制度做出的新概括，是对社会主义基本经济制度内涵做出的重要发展和深化。

中国现阶段仍处于并将长期处于社会主义初级阶段，这是我国的基本国情。我国的社会主义基本经济制度是由我国社会主义性质和初级阶段的基本国情决定的，也是改革开放以来理论发展和实践创新的重要成果。我国的社会主义基本经济制度符合生产关系一定要适应生产力的发展这一人类社会发展的基本规律，是一项充满生机和活力的经济制度，历史和实践证明，社会主义基本经济制度适应我国社会主义初级阶段的基本国情，也极大地促进了我国的经济建设和发展，推动了社会进步。因此，基本经济制度应当成为新时代经济改革发展的根本遵循，其对国家治理体系和治理能力现代化、促进经济社会发展、实现共同富裕均具有系统性的重要影响。

进行共同富裕的顶层设计，必须立足于社会主义初级阶段这一基本国情，以坚持基本经济制度作为顶层设计的原则。要坚持"两个毫不动摇"，即毫不动摇地巩固和发展公有制经济，毫不动摇地鼓励、支持、引导非公有制经济发展。公有制经济和非公有制经济，都是社会主义市场经济的重要组成部分，都是我国经济社会发展的重要基础。一方面，在社会主义初级阶段多种经济共同发展的格局中，公有制经济占据主体地位，国有经济控制国民经济命脉，对经济发展起主导作用。因此，要坚持公有制为主体，大力发挥公有制经济在促进共同富裕中的重要作用。另一方面，也要促进多种所有制经济共同发展，引导非公有制经济健康发展，促进非公有制经济人士健康成长。非公有制经济对于改善就业、促进经济福利增长和社会效率提高也有重要作用，要允许一部分人先富起来，同时要强调先富带后富、帮后富，重点鼓励辛勤劳动、合法经营、敢于创业的致富带头人，靠偏门致富的则不能提倡，违法违规的要依法处理。

坚持党的全面领导

"党政军民学，东西南北中，党是领导一切的。"坚持中国共产党的领导，这是我们的政治特性，也是百年历史检验的正确路径。中国共产党是中国特色社会主义事业的领导核心，是中国特色社会主义最本质的特征。在中国共产党的领导下的新时代中国特色社会主义建设中，促进共同富裕是一项系统性的工作，要科学组织、协调推进各方面的工作，因此，必须坚持党的全面领导。只有将党的全面领导作为共同富裕顶层设计的指导原则之一，才能把党的主张变成全党全国人民的自觉行动，才能让人民主动融入共同富裕的新任务中来。

纵观中国的历史发展，没有中国共产党，就没有中国的繁荣富强，坚持中国共产党这一坚强的领导核心，是中华民族的命运所系。在中国共产党的领导下，我国从内忧外患的时代探索出了新民主主义革命的道路，先后经历了土地革命、抗日战争、解放战争，推翻了中国人民头上的"三座大山"，让灾难深重的中国人民看到了新的希望。在中华人民共和国成立后，中国共产党带领中国进行社会主义革命和社会主义建设，始终为实现中华民族的伟大复兴而奋斗。历史证明，党的领导是做好党和国家各项工作的根本保证，是我国政治稳定、经济发展、民族团结、社会和谐的根本点，是战胜一切困难和风险的"定海神针"。必须加强和改善党的领导，充分发挥党总揽全局、协调各方的领导核心作用，发挥党作为最高政治领导力量的作用，使党始终处在总揽全局、协调各方的地位。

在进行共同富裕的顶层设计时，尤其需要坚持党的全面领导这一根本原则，因为只有坚持中国共产党的全面领导，才能坚定不移地将共同富裕作为我国发展的重要目标，也只有坚持党的全面领导才能保证共同富裕政策措施的连续性。改革开放以来，从"让一部分人先富起来，先富带动后富，最终实现共同富裕"，到"初次分配和再分配都要兼顾效率和公平，再分配更加注重公平"，再到提出和践行"创新、协调、绿色、开放、共享"的新发展理念，尽管中国特色社会主义现代化建设进程中的不同阶段、不同时期有着不同目标要求，但共同富裕的政策取向一直没有变，各时期的政策也在党的领导下有了衔接性。

在党的坚强领导下，我们创造了经济快速发展和社会长期稳定的奇迹，为共同富裕奠定了坚实的物质基础与社会条件，也只有党的领导才能凝聚共同富裕诉求的共识性。共同富裕不是同等富裕、同步富裕，需要处理好利益多样化与根本利益、局部利益与全局利益、当前利益与长远利益等多对利益关系。中国共产党代表最广大人民根本利益，坚持党的全面领导实质上是坚持最广大人民根本利益这一整体利益，如此才能有效凝聚关于共同富裕的共识，保证国家方针政策在维护整体利益前提下，正确反映和兼顾不同阶层、不同方面的利益关系，增强人民的向心力和凝聚力，使共同富裕成为全党全国人民的自觉行动，进而稳步推进全体人民共同富裕。

坚持以人民为中心

人民是历史的创造者，是决定党和国家前途命运的根本力量。唯物主义历史观认为，人民群众既是历史活动的主体，又是历史的决定力量。人民群众是社会物质财富和精神财富的创造者，是物质资料和生活资料的生产者，也是社会物质和精神生活的享用者、社会物质资料和生活资料的消费者。人民是社会历史发展的鲜活实践主体，是社会历史发展的最高价值主体，是社会历史的创造者，是社会历史发展的真正推动者。坚持以人民为中心的发展思想，这是马克思主义政治经济学的根本立场，也应当成为共同富裕顶层设计的指导原则之一。

中国特色社会主义事业之所以能够不断得到推进，就是因为中国共产党始终以人民为中心，将以人民为中心作为执政理念。中国特色社会主义进入新时代后，我们开启了全面建设社会主义现代化国家、创造人民美好生活、逐步实现全体人民共同富裕的新征程。在新时代治国理政实践中，中国共产党始终坚持以人民为中心，把实现好、维护好、发展好最广大人民根本利益作为一切工作的出发点和落脚点。我们追求的发展是造福人民的发展，我们追求的富裕是全体人民共同富裕，"让改革发展成果更多更公平惠及全体人民，不断促进人的全面发展，朝着实现全体人民共同富裕不断迈进"是我们的理想目标。至 2020 年，我国已全面建成小康社会，全面打赢了脱贫攻坚战，贫困人口如期脱贫，全部贫困县全部摘帽，消除了绝对贫困，这都集中体现了以人民为中心、实现人民共同富裕的社会理念和理想目标，以人民为中心这一理念引领了过往的经济发展和社会进步，在实现共同富裕的征程中也应当继续坚持。

2021 年 8 月 17 日，习近平总书记主持召开中央财经委员会第十次会议强调，"共同富裕是社会主义的本质要求，是中国式现代化的重要特征，要坚持以人民为中心的发展思想，在高质量发展中促进共同富裕"。因此，进行共同富裕的顶层设计必须坚持以人民为中心的原则，只有坚持以人民为中心的原则，才能继续推进中国特色社会主义事业，才能凝聚人民群众的广泛共识，才能使共同富裕成为全体人民的富裕。在坚持共同富裕之路上，坚持以人民为中心就是要坚持"不掉一人"，需要做到"一切为了人民，为了人民的一切"，坚持"人人共建"，实现发展成果

"人人共享",在"为人民"的过程中,充分调动人民群众的主动性、积极性、参与性,为促进共同富裕注入澎湃的人民力量。

坚持尽力而为、量力而行

共同富裕的顶层设计必须贯彻既尽力而为又量力而行的原则,要认识到共同富裕是一项长期且艰巨的任务,必须将尽力而为的干劲、量力而行的理性、稳中求进的务实结合起来,不能因为目标长远而消极懈怠,也不能因为过程漫长而拔苗助长,既要打好攻坚战,也要打好持久战,只有这样才能逐步实现共同富裕。

改革开放以来,从认识到"贫穷不是社会主义""让一部分人先富起来,先富带动后富,最终实现共同富裕",到打赢脱贫攻坚战、全面建成小康社会、实现"两个一百年"奋斗目标的第一个目标,再到向着"全体人民共同富裕取得更为明显的实质性进展"的目标迈进,在不同历史时期,我们党循序渐进,既尽力而为,又量力而行,制定了基于不同历史时期状况的政策,以各个时期的基本情况为制定政策的基本依据,不超越社会发展阶段,才稳步提升了我国的经济力量和人民生活水平。历史和实践充分证明,只有坚持实事求是,才能稳步迈向共同富裕。

既要尽力而为,也要量力而行,这就要求我们在推进共同富裕过程中必须充分考虑经济社会发展实际,具备实事求是的科学精神。一方面,实现共同富裕要坚持尽力而为。在立足当前的基础上，要着眼长远，统筹考虑各种未来的需要和可能性，根据经济社会发展的规律制定具有渐进性的政策，努力促进经济发展和社会进步，实现比现阶段更高的目标。在制定共同富裕政策措施的过程中，也要注意积极回应人民群众的需求，以人民为中心，通过分配制度改革等措施，以更大的力度、更实的举措让人民群众有更多获得感，只有充分发挥主观能动性才能推动共同富裕持续取得新进展。

另一方面，实现共同富裕也必须坚持量力而行。无论是完善社会保障体系、公共服务体系、提高人民生活水平还是推动乡村振兴，都必须实事求是，不能脱离实际、超越社会主义初级阶段这一基本国情。必须看到我国发展水平与发达国家相比还有很大差距，不能好高骛远，制订无法实现的计划，做出兑现不了的承诺。盲目地提高标准，不仅会增加共同富裕的难度，加重财政负担，对广大群众来说也可能是"福利陷阱"。过高的标准难以兑现，即使一时兑现了，也没有可持续性。共同富裕的政策制定必须和我国的发展现状相匹配，不能超越当前的历史发展阶段，要统筹需要和可能性，把保障和改善民生建立在经济发展和财力可持续的基础之上。

总之，实现共同富裕，既要尽力而为、积极回应群众所需，又要量力而行、充分尊重客观规律，既要看到共同富裕是最终目标，激发尽力而为的干劲，也要看到我国现阶段的基本国情，具有坚持不懈的韧性。在制定实施共同富裕的各项政策举措时，既要建立科学的公共政策体系，把"蛋糕"分好，形成人人享有的合理分配格局，重点加强基础性、普惠性、兜底性民生保障建设。同时，即使将来发展水平更高、财力更雄厚，也不能提过高的目标，搞过头的保障，坚决防止落入"福利主义""养懒汉"的陷阱。

坚持循序渐进

共同富裕是社会主义的本质要求，是人民群众的共同期盼。但是，在做共同富裕的顶层设计时，必须深刻认识到，共同富裕是一个长期目标，具有长期性、艰巨性、复杂性，不能一蹴而就，必须坚持循序渐进的指导原则。

我国的共同富裕事业面临着发展机遇，也面临着长期性、艰巨性、复杂性的现实挑战，在风险和机遇面前，必须把握机遇，规避风险，为了实现共同富裕的目标，既要尊重"循序"的科学规律，又要把握"渐进"的发展方向，坚持"循序"与"渐进"的辩证统一。"循序"就是要尊重社会基本矛盾运动的客观规律，把握好我国的社会主义初级阶段的基本国情，以及人民日益增长的美好生活需要和不平衡不充分发展之间的主要矛盾，认清发展不充分不平衡的现状。"渐进"就是要在尊重客观规律的前提下，善于发挥人的主观能动性，及时促进客观事物的发展和变化，在遵循客观规律的基础上，循序渐进地进行决策部署，逐步走向共同富裕。

当前，我国已经全面建成小康社会，实现了"两个一百年"

中第一个一百年的目标，开启了全面建设社会主义现代化国家新征程。通过过往的中国特色社会主义建设，我们积累了实现共同富裕的历史经验和实践基础，但并不代表我们可以直接实现共同富裕。放眼当今世界，一些发达国家进行工业化进程虽然已有几百年，但由于社会制度原因，至今共同富裕问题仍未得到解决，贫富悬殊问题反而越来越严重。国内外情况均充分说明，共同富裕不可能一蹴而就，也不可能齐头并进，而是一个在动态中向前发展的过程。在促进共同富裕的过程中，切忌"揠苗助长"，切忌不通过阶段性的政策试图直接实现共同富裕。经得住时间考验的共同富裕源自循序渐进、水到渠成，不能"一刀切"，更不能搞"平均主义"，要针对城乡、行业、区域的实际情况，协调推进，尽力而为，量力而行，用好循序渐进的科学之法。

总之，共同富裕应当是一个长远目标，共同富裕的实现需要一个过程，必须对其长期性、艰巨性、复杂性要有充分估计，循序渐进地实现，不能消极等待，也不能过分急切。在实现共同富裕的过程中必须有耐心，实打实地一件事一件事办好，提高实效。可以设定每个阶段的"小目标"，通过不断完成"小目标"的方式，一步一步地最终完成共同富裕这个"大目标"。例如，可以通过抓好浙江共同富裕示范区建设的方式，鼓励各地因地制宜探索有效路径，总结经验，试点先行，逐步推开，稳步推进。

共同富裕的主攻方向

习近平总书记在《扎实推动共同富裕》一文中指出，共同富裕的总思路是，坚持以人民为中心的发展思想，在高质量发展中促进共同富裕，正确处理效率和公平的关系，构建初次分配、再分配、三次分配协调配套的基础性制度安排，加大税收、社保、转移支付等调节力度并提高精准性，扩大中等收入群体比重，增加低收入群体收入，合理调节高收入，取缔非法收入，形成中间大、两头小的橄榄型收入分配结构，促进社会公平正义，促进人的全面发展，使全体人民朝着共同富裕目标扎实迈进。因此，为了实现共同富裕，需要坚持以下主攻方向。

提高发展的平衡性、协调性、包容性

提高发展的平衡性、协调性、包容性，是我国立足新发展阶段、贯彻新发展理念、构建新发展格局的内在要求，是坚持和完善中国特色社会主义政治经济学的题中之义，更是促进共同富裕、体现社会主义优越性的本质要求。实现共同富裕，必须加快完善社会主义市场经济体制，提高发展的平衡性、协调性、包容性，这是实现共同富裕的题中之义，也是共同富裕的主攻方向之一。

第一，提高发展的平衡性，要统筹兼顾经济社会等各个方面的发展要求，实现经济建设、政治建设、文化建设、社会建设和生态文明建设五位一体，全面推进，处理好多种类型的利益关系，正确处理好政府与市场、物质文明与精神文明、经济发展与国防建设等重大关系。要平衡地区、城乡、行业的发展，在增强区域发展的平衡性方面，要实施区域重大战略和区域协调发展战略，健全转移支付制度，缩小区域人均财政支出差异，加大对欠发达地区的支持力度。在增强城乡平衡方面，要缩小城乡差距，促进基本公共服务均等化，改善农村人居环境，全面推进乡村振兴。在增强行业发展的平衡性方面，要大力改革体制、变革动能、调整三次产业的比例，优化经济结构，把经济转型升级和全面提质放到更加突出的位置，发展第三产业，推动经济社会发展实现速度、结构、质量、效益相统一，在平衡发展中拓宽空间、延展领域。

第二，提高发展协调性，要使协调发展成为建设现代化的内生动力。要注重城乡、区域、行业等方面的差距，补齐短板、建强弱项，推动城乡一体化融合发展和区域协调发展，加快垄断行业改革，推动金融、房地产同实体经济协调发展，要支持中小企业发展，构建大中小企业相互依存、相互促进的企业发展生态，促进城乡、区域、行业的团结，增强发展动力。要运用好初次分配、再分配、三次分配在推动协调发展方面的作用，改革和完善分配制度，实现"提低、扩中、限高"，提高低收入者收入，扩大中等收入者收入，规范调节高收入者收入，保护合法收入，清理不合理收入，取缔非法收入，整顿收入分配秩序，使发展更具协调和可持续性。

第三，提高发展包容性，要坚持以人民为中心的发展思想，为人民服务，促进全体人民共同发展，把促进人的全面发展作为发展的出发点和落脚点，增进人民福祉，维护社会公平正义。要加强对民生的保障，改革住房、医疗、教育等民生领域，关注灵活就业者的劳动者权益保障，兜牢社会基本民生底线。要更加注重人的全面发展，满足人民日益增长的美好生活需要，满足人民的精神文化需求，使共同富裕不仅是物质上的共同富裕，还是精神上的共同富裕，全方位、全周期增进人民福祉，促进共同富裕的社会共识，凝聚建设社会主义现代化强国的磅礴力量。

推动形成橄榄型收入分配结构

共同富裕是关系我国经济社会发展的重大课题，共同富裕决策部署的关键在于6个字："提低、扩中、限高"，即合理调节高收入、取缔非法收入、扩大中等收入群体比重、增加低收入群体收入，形成中间大、两头小的橄榄型收入分配结构。因此，推动形成橄榄型收入分配结构，是共同富裕的主攻方向之一。

第一，推动形成橄榄型收入分配结构，需要"提低"。低收入群体是促进共同富裕的重点帮扶保障人群。要促进基本公共服务均等化，完善教育、医疗、养老、住房等问题。教育方面，要加大普惠性人力资本投入，有效减轻困难家庭的教育、住房负担，提高低收入群众子女受教育水平。医疗和养老方面，要完善养老和医疗保障体系，逐步缩小职工与居民、城市与农村的筹资和保障待遇差距，逐步提高城乡居民基本养老金、医疗保险金水平。社会救助方面，要完善兜底救助体系，加快缩小社会救助的城乡标准差异，逐步提高城乡最低生活保障水平，兜住基本生活底线。住房方面，要完善住房供应和保障体系，坚持房子是用来住的、不是用来炒的理念，租购并举，因地制宜、因城施策，完善长租房政策，扩大保障性租赁住房供给，重点解决好新市民住房问题。

第二，推动形成橄榄型收入分配结构，需要"扩中"。"扩大中等收入群体比重"是推动共同富裕取得更为明显的实质性进展的一个显著标志。要抓住重点、精准施策，增加城乡居民住房、农村土地、金融资产等各类财产性收入，推动更多低收入群体迈入中等收入行列，包括高校毕业生、技术工人、中小企业主、个体工商户、进城农民工等。高校毕业生非常有望进入中等收入群体，为了帮助高校毕业生迈入中等收入行列，要提高高等教育质量，提高高校毕业生的知识技能水平和人力资本，使毕业生做到学有所长、学有所用，尽快适应社会发展的需要。技术工人也是中等收入群体的重要组成部分，要提高技术工人的素质能力和工资待遇，加大技能人才培养力度，吸引更多高素质人才加入技术工人队伍。中小企业主和个体工商户是创业致富的重要群体，要改善营商环境，减轻税费负担，提供更多市场化的金融服务，帮助他们稳定经营、持续增收。进城农民工是中等收入群体的重要来源，但当前我国仍存在户籍歧视等问题，因此要改革和完善户籍制度，解决好进城农民工的社会保障和其子女的教育、医疗等问题，使进城农民工不与城市系统隔离，稳定生活和就业，提高收入水平。要适当提高公务员特别是基层一线公务员及国有企事业单位基层职工工资待遇。

第三，推动形成橄榄型收入分配结构，需要"限高"。在依法保护合法收入的同时，也要防止财富两极分化、消除分配不公，加强对高收入的规范和调节。首先，要合理调节过高收入，可以通过完善个人所得税制度，规范资本性所得管理来调节财富分配。要完善税收优惠政策，进行房地产税、消费环节征税的立法和改革，进行试点，研究扩大征收范围，发挥税收调节收入分配的作用。对于高收入人群和企业，要鼓励他们更多地回报社会。其次，要清理规范不合理收入，加大对垄断行业和国有企业的收入分配管理，整顿收入分配秩序，清理借改革之名变相增加高管收入等分配乱象。最后，要坚决取缔非法收入，遏制权钱交易，通过立法和执法打击内幕交易、操纵股市、财务造假、偷税漏税等获取非法收入的行为。经过多年的探索，我国在如何解决贫困问题上积累了完善的理论和实践经验，但对于在脱贫之后如何致富，我们仍需要通过实践不断探索。"限高"并不意味着不保护合法致富，只是反对垄断和资本的无序扩张，仍然需要坚持保护财产权和知识产权，列出敏感区域的清单，调动企业家的积极性，保护他们合法致富，进而促进经济社会的健康发展。

促进农民农村共同富裕

缩小城乡差距对未来实现共同富裕起着关键性作用，促进共同富裕，最艰巨、最繁重的任务仍然在农村，促进农民农村共同富裕必须成为共同富裕的主攻方向之一。

为了实现农民农村共同富裕，我国首先全面打赢了脱贫攻坚战。2018年12月19日至21日中央经济工作会议指出，要打好脱贫攻坚战，一鼓作气，重点解决好实现"两不愁三保障"面临的突出问题，加大"三区三州"等深度贫困地区和特殊贫困群体脱贫攻坚力度，减少和防止贫困人口返贫，研究解决那些收入水平略高于建档立卡贫困户的群体缺乏政策支持等新问题。经过多年的探索和努力，2020年，我国全面建成小康社会，而打赢脱贫攻坚战、贫困县全部摘帽、消除绝对贫困、全面建成小康社会后，要在巩固和拓展脱贫攻坚成果的基础上，做好乡村振兴这篇大文章，并且不宜像脱贫攻坚战一样设定量化的指标。

在全面打赢脱贫攻坚战后，首先，要巩固拓展脱贫攻坚成果，对易返贫致贫人口要加强监测、及早干预，关注脱贫地区的发展现状，确保不发生规模性的返贫问题，也不发生新的致贫。其次，要将巩固脱贫攻坚成果和全面推进乡村振兴相衔接，全面推进乡村振兴是缩小城乡差距、促进农民农村共同富裕的重要举措。乡村振兴的全面推进要促进农业向数字化、智能化、绿色化方向转型升级，优化资源配置，增强农业创新力和竞争力，实现农业经济持续增长，为农民创造更多的就业和增收渠道。要加强农村的基础设施和公共服务体系建设，改善农村环境，通过农业产业化等措施增加农村农民的财产性收入，提升农民的收入水平，让亿万农民走上共同富裕的道路，汇聚起全面建设社会主义现代化国家的磅礴力量。

实施乡村振兴战略，要坚持党管农村工作，坚持农业农村优先发展，坚持农民主体地位，坚持乡村全面振兴，坚持城乡融合发展，坚持人与自然和谐共生，坚持因地制宜、循序渐进。要巩固和完善农村基本经营制度，保持土地承包关系稳定并长久不变，第二轮土地承包到期后再延长30年。确保国家粮食安全，把中国人的饭碗牢牢端在自己手中。加强农村基层基础工作，培养造就一支懂农业、爱农村、爱农民的"三农"工作队伍。

总之，为了使农村农民共同富裕，在打赢脱贫攻坚战后，首先要巩固和拓展脱贫攻坚成果，其次要同乡村振兴有效衔接，这关系到构建以国内大循环为主体、国内国际双循环相互促进的新发展格局，关系到全面建设社会主义现代化国家全局和第二个一百年奋斗目标的实现。要充分认识实现巩固拓展脱贫攻坚成果和乡村振兴有效衔接的重要性、紧迫性，在党的领导下，举全党全国之力，统筹安排、强力推进，最终实现农民农村共同富裕。

促进人民精神生活共同富裕

马克思认为，人的需要分为三种层次：自然需要、精神需要和社会需要。因此，只有把物质生活富裕、精神生活丰富、生态环境质量良好等各方面有机结合在一起，才能构成社会主义共同富裕的鲜明特征。如果仅有物质生活富裕，这种富裕是与现代文明相背离的。只有物质生活富裕和精神生活富裕同时实现，才能实现人的全面发展。因此，促进共同富裕与促进人的全面发展是高度统一的，共同富裕是全面富裕，是物质财富和精神财富的共同富裕，在建设共同富裕美好社会的道路上，物质富裕与精神富裕，两者缺一不可。因此，在共同富裕的主攻方向中，除了要致力于物质生活的发展，通过改善收入分配结构等措施促进物质上的共同富裕，也要促进精神生活的共同富裕。

当前，我国的主要矛盾是人民日益增长的美好生活需要同不平衡不充分的发展之间的矛盾。必须认识到，我国发展不平衡不充分问题仍然突出，发展质量、效益有待提高，居民生活品质还须改善，精神文明和生态文明建设还有提升空间，这些问题都是促进共同富裕亟待破解的问题。在中国特色社会主义现代化建设新的征程上，我们要坚持以人民为中心的发展思想，在高质量发展中促进共同富裕,通过推动高质量发展不断提升综合国力、社会生产力、人民生活水平、文化软实力和生态文明建设水平,在促进人民物质生活共同富裕的同时,促进人民精神生活共同富裕,不断满足人民在物质生活和精神生活方面对美好生活的新期待,实现物质生活共同富裕和精神生活共同富裕的平衡。

促进人民精神生活共同富裕,要强化社会主义核心价值观的价值引领作用,加强爱国主义、集体主义、社会主义教育,发展公共文化事业,完善公共文化服务体系,不断满足人民群众多样化、多层次、多方面的精神文化需求,加强人民对制度、民族、文化和传统的认同,不断实现精神的富裕。要加强促进共同富裕舆论引导,澄清各种模糊认识,防止急于求成和畏难情绪,为促进共同富裕提供良好的舆论环境。要大力推进生态文明建设,坚持"金山银山不如绿水青山"的理念,协调经济发展和保护环境的关系,为人民生产生活营造良好的环境。总之,要全面推进五位一体建设,在进行经济和政治建设的同时,注重生态文明建设、社会建设和文化建设。

构建初次分配、再分配、三次分配协调配套的制度安排

共同富裕是社会主义的本质要求，是中国式现代化的重要特征，要坚持以人民为中心的发展思想，在高质量发展中促进共同富裕。高质量发展的本质内涵，是以满足人民日益增长的美好生活需要为目标、兼顾效率与公平的可持续发展。高质量发展要求稳定居民收入来源，促进居民消费，根本目的在于扩大内需，促进经济增长，由此带来居民增收、消费扩大、经济增长的良性循环。

高质量发展的重要体现就在于收入差距保持合理水平，形成中间大、两头小的橄榄型收入分配结构，这就需要在初次分配、再分配、三次分配中发挥分配制度的作用，并构建与初次分配、再分配、三次分配协调配套的制度安排，在高质量发展中促进共

同富裕。

初次分配是根据土地、资本、劳动力、数据等各种生产要素在生产过程中的贡献进行分配。市场在生产要素配置中发挥决定性作用,根据各种生产要素的边际贡献决定的要素价格来进行要素报酬分配,是我国社会主义市场经济初次分配的基本原则。发挥市场在初次分配中的决定性作用,可以优化生产要素的配置,提高生产效率,更好地做大"蛋糕",体现了效率优先的原则,也是高质量发展的本质要求。再分配是指政府根据法律法规,在初次分配的基础上通过征收税收和政府非税收入,在各收入主体之间以现金或实物进行的收入再分配过程。与初次分配不同,再分配中起主导作用的是政府,强调公平的原则,具有通过国家权力强制进行的特征。除了公平的目标外,再分配也通过教育、健康等基本公共服务的提供,创造机会平等的养育环境,以提升社会经济发展的可持续性。三次分配有别于前两者,主要是企业、社会组织、家族、家庭和个人等基于自愿原则和道德准则,以募集、捐赠、资助、义工等慈善、公益的方式对所属资源和财富进行分配。社会组织和社会力量是三次分配的中坚力量。建立与初次分配、再分配、三次分配配套的制度安排,具体可以从以下方面做出相应的部署。

在经济发展中解决收入分配问题

我国仍然是发展中国家,做大"蛋糕"是解决收入分配问题的根本途径。其一是提高资本、劳动力、技术和数据等生产要素的效率，充分发挥市场在资源配置中的决定性作用，在收入分配调节体系中避免负向激励；其二是优化发展模式，通过"研发、创新"促进我国产业在全球价值链的攀升，从改变全球的价值分配格局来提升与改善我国的收入分配格局。

要分阶段促进共同富裕。要鼓励勤劳创新致富，坚持在发展中保障和改善民生。优先发展教育事业，为人民提高受教育程度、增强发展能力创造更加普惠公平的条件，畅通向上流动通道。给更多人创造致富机会，形成人人参与的发展环境，允许一部分人先富起来，先富带后富、帮后富，鼓励辛勤劳动、合法经营、敢于创业的致富带头人。

审慎权衡效率与公平问题，区分不同类型的不平等，精准施策

在高质量发展中推进共同富裕要正确处理效率和公平的关系。首先要进一步释放效率，特别是促进收入分配较低端主体的发展。要巩固脱贫成效，化解返贫风险，拓宽相对贫困群体增收渠道；要减少生产要素流动的制度性障碍，消除区域市场壁垒，促进要素自由流动，提高生产要素在空间上的配置效率；推动乡村振兴和城乡融合发展，赋予农村居民更多就业选择；借力"大众创业、万众创新"，强化行业发展的协调性，改善中小企业经营环境，提高居民就业水平和收入水平。其次，在保持效率的基

础上维护分配公平。要推进税收制度改革，构建资产税框架，形成有助于扩大中等收入阶层和有效调节高收入群体的税收体系；要加大税收、社保、转移支付等政策工具的精准性，重点保障民生支出，增加在教育和健康等人力资本方面的投入；建立科学有效的反垄断法规，维护市场竞争，削弱垄断行业工资溢价及垄断资本对市场机制的干扰。

优化环境，发挥市场对共同富裕的基础作用

夯实资源有效配置的市场基础

我国城乡、东中西区域、南北方省份的发展水平存在明显差距，振兴乡村、促进欠发达地区发展是共同富裕的关键环节。要借助市场力量促进发展，就必须科学确定欠发达地区的发展定位，找准市场资源发挥作用的着力点。党的十八大以来，因地制宜的发展方略为实现"精准脱贫"做出了巨大贡献。在从"精准脱贫"迈向"精准致富"的关键时刻，要发挥市场的信号作用，充分发掘各地地理区位、自然条件、人文环境等比较优势，为资源有效配置及发力奠定基础、指明方向。

破除资源有效配置的制度障碍

除了夯实市场制度，还须在既有市场中破除资源有效配置的制度障碍。现存障碍主要影响低收入阶层和较落后地区的发展，破除制度障碍不仅有利于释放市场潜力，更是推进共同富裕的必

要步骤。

我国居民收入差距主要体现为城乡间和区域间居民的收入差距。缩小这一差距除了依托乡村振兴和区域发展，还应当借助劳动力的自由流动。劳动力是主要生产要素，进一步改革户籍制度，建立城乡统一的劳动力市场，促进劳动力有序从乡村流向城市、从欠发达地区流向较发达地区，既促进流入地发展，也提升劳动者收入水平，是通过市场力量缩小居民收入差距的关键渠道。

户籍制度的进一步改革，基本公共服务的普惠化，还可以增强外来劳动者融入当地社会的预期，有利于提高他们工作的稳定性，增强劳动者人力资本和劳动经验的稳定积累。

民营企业在税收贡献和解决就业问题等方面发挥着重大作用，是推动共同富裕的生力军。银行体系应科学评判企业经营情况，在可及性和资金价格上公平地为各类企业提供资金支持。

应进一步改善营商环境，简化投资审批流程，减轻资本日常运营的行政成本，让市场价格信号在总成本中发挥更明显的引导作用，进而促进资本配置的有效性，激发市场主体的活力，增强创新创业行为。

改进制度，完善政府对共同富裕的调控角色

改进税收体系，优化财政支出结构

首先，应当着重从以下几个方面入手改进税收体系。第一，

进一步完善个人所得税制度，扩大综合征收范围，并减轻中等收入群体劳动收入的税收负担。例如，实行家庭申报制度，并适当降低劳动所得的最高边际税率。第二，逐步构建资本税、财产税的征收制度框架。随着收入差距的持续存在，财产存量的不平等已经成为一个突出的社会问题，并有可能导致社会阶层的固化和社会流动性的降低。第三，根据经济发展新形势和新特点，及时调查研究与经济形态相适应的新式税种。例如，随着数字经济的快速发展，数据已经成为一种重要的生产要素，原有的税收体系可能无法全面覆盖新的生产要素所得，需要积极研究探索新型税收（如数字税、数据税等），从而使税收制度与新经济发展形势相匹配。

其次，对于优化财政支出结构方面有如下建议。第一，有效利用财政资金，重点促进高质量发展。通过财政资金和配套产业政策，集中力量突破关键技术，扶助壮大有利于高质量发展的核心产业等，从而为共同富裕打下高质量的发展基础。第二，财政支出适当倾斜，重点用于提升低收入群体获取收入的能力以及为其提供基本公共服务等方面。不同地区由于地理区位、自然资源等天然差异，发展水平和发展机会的差距在短时间内难以弥合，需要通过优化向欠发达地区的财政转移支付、促进对口帮扶等手段来促进其发展，并且逐步提高这些地区的基础设施和基本公共服务的水平，从而减缓区域和城乡之间的发展差距。需要加大对低收入地区的教育资源投入，加大职业教育发展的资金支持，努力提高低收入群体的人力资本和技能水平，从而最终提高其长期获取收入的能力。

完善社保体系，设定与经济发展水平相适应的福利水平

社会保障制度是实现再分配和共同富裕的重要政策工具，虽然我国经过多年努力已经建立起世界上规模最大的社会保障体系，但是社保体系仍然面临覆盖面不全、保障水平不够、不同人群待遇差距较大等一系列问题，需要进一步改进和完善。

首先，通过制度改革和政策宣传引导，进一步扩大社会保障的覆盖面。加强社会保障政策宣传引导，通过各种措施支持弱势群体和低收入者、贫困人口拥有社会保险，使社会保障成为这些人群的风险化解机制和生活保障机制。

其次，需要推进城乡统筹和制度整合，进一步提高社会保障水平。提升基本社会保障的统一性。应该打破户籍壁垒，以居民养老保险制度的城乡统筹为突破口，深入推进医疗保险制度、最低生活保障制度、社会救助制度的城乡统筹发展。

最后，需要多渠道增加资金规模和妥善运营社保基金，进一步提高社会保障的资金使用效率。宏观上，在维持社会保障财政资金投入总量的条件下，完善财政投入机制，明确财政投入的重点方向和领域，加强社会救助和社会福利体系建设，加强对农村社会保障和中西部地区的财政转移支付。微观上，重点推进社会救助制度，更好地发挥其反贫困功能和收入调节功能，统筹推进生存型社会救助与发展型社会救助；统筹推进资金救助、实物救助与服务救助，发挥社会救助体系综合扶持作用；实现社会救助与社会保险、扶贫开发与乡村振兴政策的有机衔接，发挥社会救助的兜底功能。

优化政府对市场的监管，给予市场稳定预期

除了发挥市场在资源配置中的决定性作用，还需要发挥政府对市场的监管和调控作用。

首先，应当清晰界定政府与市场边界，给予市场稳定的运行环境与预期。在高质量发展过程中，政府应当致力于为市场经济运行提供良好的政策、法律环境，逐步消除阻碍要素流动和产品交易的制度性障碍，让市场更好地发挥其资源配置的基础性作用。除此之外，政府应当在市场失灵时，发挥其重要的调控和补充作用。尽量对市场经济运行实现负面清单管理，不过度干预市场行为，从而为经济发展提供稳定的市场环境与预期。

其次，深化对市场新业态的认知，依法优化市场结构。近20年来，中国的数字经济、平台经济、互联网经济等新业态发展十分迅速，不仅对经济结构产生了重要影响，还对背后的要素市场和收入分配产生了重要冲击。一方面，需要积极利用新业态带来的发展机会；另一方面，也要注意新业态发展可能对市场公平竞争、对劳动者权益保护带来的负面冲击。

发挥市场和政府功能，达到"提低、扩中、限高"目标

在高质量发展中推进共同富裕，首先应秉持以人民为中心的

发展思想，按照"提低、扩中、限高"原则对不同收入水平群体设定不同政策路径。

"提低"，政府和市场要形成合力。首先，坚持按劳分配，激发低收入群体的劳动潜力，创造使低收入群体劳动报酬和劳动生产率同步提高的机会。其次，强化和发挥社会保障体系和社会救助制度对低收入群体的兜底功能。最后，通过基本公共服务的提高，增加低收入群体向上流动的机会。

"扩中"，主要依靠市场力量。通过调整经济结构，增加就业机会，构建高效、可持续发展的现代劳动力市场和劳动制度体系，拓宽居民劳动收入和财产性收入渠道。应从三方面发力扩大中等收入群体。一是抓住农民工群体；二是借力"大众创业、万众创新"提高收入水平；三是保持收入稳定，完善社会保障体系。此外，扩大中等收入群体还须积极应对技术进步和人口老龄化带来的潜在冲击。

"限高"，在依法保护合法财产和收入的同时，健全和完善再分配体系，合理调节过高收入。优化市场结构，依法破除垄断对市场运行秩序的干扰，创造公平竞争的市场机制。

第五章

共同富裕示范区的建设与推广

高质量发展推动示范区建设

党的十九届五中全会对扎实推动共同富裕做出重大战略部署。实现共同富裕不仅是经济问题，而且是关系党的执政基础的重大政治问题。2021年6月10日发布的《意见》，规定了示范区建设的总体要求，包括指导思想、工作原则、战略定位和发展目标，并且在夯实共同富裕的物质基础、多渠道增加城乡居民收入、实现公共服务优质共享、丰富人民精神文化生活、打造美丽宜居的生活环境、构建舒心安心放心的社会环境等方面提出了20条指导意见，同时明确了示范区建设和推广的保障措施。浙江省随后发布了《方案》，对照中共中央、国务院《意见》，提出了九大方面、52条具体实施方案。上述重要文件的发布标志着浙江建设和推广共同富裕示范区正式拉开帷幕。

为什么要建设共同富裕示范区

习近平总书记在关于共同富裕的重要论述中屡次突出共同富裕事业的稳健性，多次使用"逐步实现""扎实推动""循序渐进""分阶段促进""防止急于求成"等表述。

《意见》也明确指出："当前，我国发展不平衡不充分问题仍然突出，城乡区域发展和收入分配差距较大，各地区推动共同富裕的基础和条件不尽相同。促进全体人民共同富裕是一项长期艰巨的任务，需要选取部分地区先行先试、做出示范。"

全面建成小康社会取得伟大历史性成就，特别是决战脱贫攻坚取得全面胜利，困扰中华民族几千年的绝对贫困问题得到历史性解决，为新发展阶段推动共同富裕奠定了坚实基础。经过多年探索，我国对解决贫困问题有了完整的办法，但在如何致富问题上还要探索积累经验。在顶层设计的基础上，我们应因地制宜制定不同区域和部分的规划，特别是可以通过"试点、逐步推广"的方式为顶层设计的全面展开积累经验。《意见》和《方案》充分证明了面对共同富裕这个艰巨的任务，我们将采取循序渐进模式来逐步推进，这也是我们社会主义建设常见的推动方式和宝贵经验。

为什么要在浙江省建设共同富裕示范区

经过几十年的建设和发展，浙江省积累了坚实的物质基础，这是探索共同富裕道路的客观条件。此外，在几十年的发展历程中，浙江省的干部群众积累了宝贵的成功经验，许多经验可以直接或间接与共同富裕事业接轨。正如《意见》所言："浙江省在探索解决发展不平衡不充分问题方面取得了明显成效，具备开展共同富裕示范区建设的基础和优势，也存在一些短板弱项，具有广阔的优化空间和发展潜力。支持浙江高质量发展建设共同富裕示范区，有利于通过实践进一步丰富共同富裕的思想内涵，有利于探索破解新时代社会主要矛盾的有效途径，有利于为全国推动共同富裕提供省域范例，有利于打造新时代全面展示中国特色社会主义制度优越性的重要窗口。"

第一，浙江省整体发展水平较高。从人均GDP水平、城镇化进程、人均可支配收入来看，浙江省都位居前列。

第二，浙江省城乡发展差距较小。2020年浙江省城乡居民收入比仅有1.96，总体上反映了浙江省区域城乡融合发展的路径。

第三，浙江省市场机制健全，资源配置效率较高。2016年，除重庆和湖北外，市场化总指数排名前10的省份都是东部地区，而浙江省的市场化总指数排名全国第一。非国有经济繁荣发展是市场机制健全的重要标志。浙江省2020年民营经济增加值达到GDP的66.3%，民营经济创造的税收占全省税收收入的73.9%。在全国民营企业500强中，来自浙江的民营企业有96家。2019年浙江省非国有单位就业人数占比76.4%，私营企业占企业法人单位总量的95%，均位居全国前列。

第四，浙江省创新驱动发展成果丰硕。由于我国区域间地理环境、资源禀赋、发展基础等因素差异较大，产业结构和产业聚集也呈现出明显的区域差异特征。2019年高技术企业主营业务收入与GDP之比以及研发经费投入强度在省域间不平衡程度较高。广东、重庆、江苏高技术企业主营业务收入与GDP之比位列全国前三，北京、上海和天津研发经费投入强度位于全国前三，浙江省的这两个指标分别位于全国第10和第7，均处于领先位置。数字经济发展是驱动经济高质量发展的重要引擎，但在数字产业化和产业数字化、推动数字经济和实体经济深度融合方面省域间不平衡问题较为严重。根据中国信息通信研究院发布的《中国数字经济发展白皮书》，我国数字经济占GDP比重从2015年的14.2%增加至2020年的38.6%。2020年，在产业数字化方面，广东、江苏、山东和浙江4个省份领跑全国，规模都超过了2万亿元，上海、福建、浙江、天津、北京和山东6个省市的产业数字化占GDP的比重均在35%以上，大部分省份的占比在20%~30%。在数字产业化方面，广东和江苏属于信息产业大省，数字产业化规模均超过1.6万亿元，北京、浙江和山东均超过5 000亿元。

综上所述，尽管浙江省在特定指标上不一定领跑全国，但在各个维度上都位居前列，呈现出多维度同时较好发展的综合实力和进一步协调发展的巨大潜力，与共同富裕在高质量发展中追求平衡的理念十分契合，被确定为共同富裕示范区也就理所当然了。

浙江共同富裕示范区建设的总体要求和核心内容

共同富裕示范区建设的总体要求

中共中央、国务院的《意见》在指导思想、工作原则、战略定位和发展目标上对浙江共同富裕示范区做出了总体要求。

指导思想方面

在指导思想方面，《意见》强调以习近平新时代中国特色社会主义思想为指导，深入贯彻党的十九大和十九届二中、三中、四中、五中全会精神，全面贯彻落实习近平总书记关于浙江工作的重要指示批示精神，坚持稳中求进工作总基调，坚持以人民为中心的发展思想，立足于新发展阶段、贯彻新发展理念、构建新发展格局，紧扣推动共同富裕和促进人的全面发展，坚持以满足人民日益增长的美好生活需要为根本目的，以改革创新为根本动力，以解决地区差距、城乡差距、收入差距问题为主攻方向，更加注重向农村、基层、相对欠发达地区倾斜，向困难群众倾斜，支持浙江创造性贯彻"八八战略"，在高质量发展中扎实推动共同富裕，着力在完善收入分配制度、统筹城乡区域发展、发展社会主义先进文化、促进人与自然和谐共生、创新社会治理等方面先行示范，构建推动共同富裕的体制机制，着力激发人民群众的积极性、主动性、创造性，促进社会公平，增进民生福祉，不断增强人民群众的获得感、幸福感、安全感和认同感，为实现共同富裕提供浙江示范。

工作原则方面

在工作原则方面,《意见》强调"五个坚持"。

第一,坚持党的全面领导。坚定维护党中央权威和集中统一领导,充分发挥党总揽全局、协调各方的领导核心作用,坚持和完善中国特色社会主义制度,把党的政治优势和制度优势转化为推动共同富裕示范区建设、广泛凝聚各方共识的强大动力和坚强保障。

第二,坚持以人民为中心。坚持发展为了人民、发展依靠人民、发展成果由人民共享,始终把人民对美好生活的向往作为推动共同富裕的奋斗目标,瞄准人民群众所忧所急所盼,在更高水平上实现幼有所育、学有所教、劳有所得、病有所医、老有所养、住有所居、弱有所扶。

第三,坚持共建共享。弘扬勤劳致富精神,鼓励劳动者通过诚实劳动、辛勤劳动、创新创业实现增收致富,不断提高劳动生产率和全要素生产率。充分发挥市场在资源配置中的决定性作用,更好发挥政府的引导调控作用,体现效率、促进公平,坚决防止两极分化,在发展中补齐民生短板,让发展成果更多更公平地惠及人民群众。

第四,坚持改革创新。坚定不移推进改革,推动有利于共同富裕的体制机制不断取得新突破,着力破除制约高质量发展、高品质生活的体制机制障碍,强化有利于调动全社会积极性的重大改革开放举措。坚持创新在现代化建设全局中的核心地位,深入实施创新驱动发展战略，率先在推动共同富裕方面实现理论创新、实践创新、制度创新、文化创新。

第五，坚持系统观念。立足于当前、着眼于长远，统筹考虑需要和可能，按照经济社会发展规律循序渐进，脚踏实地、久久为功，不吊高胃口、不搞"过头事"，尽力而为、量力而行，注重防范化解重大风险，使示范区建设与经济发展阶段相适应、与现代化建设进程相协调，不断形成推动共同富裕的阶段性、标志性成果。

战略定位方面

在战略定位方面，《意见》擘画出浙江共同富裕示范区"四大定位"。

第一，高质量发展高品质生活先行区。率先探索实现高质量发展的有效路径，促进城乡居民收入增长与经济增长更加协调，构建产业升级与消费升级协调共进、经济结构与社会结构优化互促的良性循环，更好满足人民群众品质化多样化的生活需求，富民惠民安民走在全国前列。

第二，城乡区域协调发展引领区。坚持城乡融合、陆海统筹、山海互济，形成主体功能明显、优势互补、高质量发展的国土空间开发保护新格局，健全城乡一体、区域协调发展体制机制，加快基本公共服务均等化，率先探索实现城乡区域协调发展的路径。

第三，收入分配制度改革试验区。坚持按劳分配为主体、多种分配方式并存，着重保护劳动所得，完善要素参与分配政策制度，在不断提高城乡居民收入水平的同时，缩小收入分配差距，率先在优化收入分配格局上取得积极进展。

第四，文明、和谐、美丽的家园展示区。加强精神文明建设，推动生态文明建设先行示范，打造以社会主义核心价值观为引领、传承中华优秀文化、体现时代精神、具有江南特色的文化强省，实现国民素质和社会文明程度明显提高、团结互助友爱蔚然成风、经济社会发展全面绿色转型，建设人民精神生活丰富、社会文明进步、人与自然和谐共生的幸福美好家园。

发展目标方面

在发展目标上，《意见》规划了"两步走"战略。

第一步，到2025年，浙江省推动高质量发展建设共同富裕示范区取得明显实质性进展。经济发展质量效益明显提高，人均地区生产总值达到中等发达经济体水平，基本公共服务实现均等化；城乡区域发展差距、城乡居民收入和生活水平差距持续缩小，低收入群体增收能力和社会福利水平明显提升，以中等收入群体为主体的橄榄型社会结构基本形成，全省居民生活品质迈上新台阶；国民素质和社会文明程度达到新高度，美丽浙江建设取得新成效，治理能力明显提升，人民生活更加美好；推动共同富裕的体制机制和政策框架基本建立，形成一些可复制、可推广的成功经验。

第二步，到2035年，浙江省高质量发展取得更大成就，基本实现共同富裕。人均地区生产总值和城乡居民收入争取达到发达经济体水平，城乡区域协调发展程度更高，收入和财富分配格局更加优化，法治浙江、平安浙江建设达到更高水平，治理体系和治理能力现代化水平明显提高，物质文明、政治文明、精神文明、社会文明、生态文明全面提升，共同富裕的制度体系更加完善。

共同富裕示范区建设的核心内容

中共中央、国务院公布的《意见》充分体现了以习近平总书记为核心的党中央对解决我国发展不平衡不充分的坚定决心；充分体现了党中央稳步推进全国人民共同富裕的战略部署；充分体现了党中央对浙江共同富裕示范区的殷切期望。《意见》明确了新时期共同富裕面临的基本前提、主要矛盾和主攻方向，有针对性地设计出攻坚克难的计划。

第一，高质量发展是扎实推进共同富裕示范区建设的基础和必经之路。经过中华人民共和国成立以来特别是改革开放40多年的不懈奋斗，经过艰苦卓绝的扶贫攻坚，我国国力和人民生活水平跃上了新的台阶。2020年国内生产总值超过100万亿元，人均国内生产总值72 447元，超过了1万美元，人均预期寿命达到77.3岁。2021年9 899万农村贫困人口全部脱贫，完成了消除绝对贫困的艰巨任务，在中华大地上全面建成了小康社会，这在我国社会主义现代化建设进程中具有里程碑意义，为我国进入新发展阶段、朝着第二个百年奋斗目标进军奠定了坚实基础。

浙江是我国较富裕的省份，2020年国内生产总值为6.46万亿元，人均生产总值超过10万元，居民人均可支配收入5.24万元。这是浙江开展共同富裕示范区建设的客观基础。同时我们必须清醒地认识到，即使是较富裕的浙江，在人均生产总值、居民可支配收入、城乡平衡发展、社会福利体系等方面与西方发达国家相比仍然存在较大的差距。我国还是发展中国家，"十四五"乃至更长一段时期，高质量发展仍是我国经济社会发展的主题。因此我们应以构建新发展格局，实现高质量发展为基本前提和手段。新时期中国特色社会主义的主要矛盾决定了共同富裕既是目标又是手段，解决不平衡不充分问题的第一落脚点依然是发展，发展依然是硬道理。因此，如何实现"更加包容、更加共享、更加平等、更加绿色、更加可持续"的发展依然是浙江方案的第一目标，高质量发展是共同富裕的基础和基本保障，共同富裕的顶层设计和基层创新必须把高质量发展的实现作为第一要义。浙江省的《方案》中第一举措就是"打好服务构建新发展格局组合拳，推进经济高质量发展先行示范"。

浙江共同富裕示范区建设，正是践行"根据现有条件把能做的事情尽量做起来"，探索在高质量发展中实行共同富裕的方法和路径。高质量发展是实现共同富裕的前提基础和必然路径，只有通过高质量发展持续不断做大"蛋糕"，厚植共同富裕的基础，才有可能实现共同富裕。

第二，践行以人民为中心的发展思想，扎实推进共同富裕示范区建设。习近平总书记多次在讲话中指出，"只有坚持以人民为中心的发展思想，坚持发展为了人民、发展依靠人民、发展成果由人民共享，才会有正确的发展观、现代化观""要自觉主动解决地区差距、城乡差距、收入差距等问题"。

浙江在建设共同富裕示范区时，应该积极发挥"收入分配制度改革试验区"的作用，在做大"蛋糕"的同时分好"蛋糕"。首先，结合《纲要》，实施扩大中等收入群体行动计划。激发技能人才、科研人员、小微创业者、高素质农民等重点群体活力。加快构建产教训融合、政企社协同、育选用贯通的技术技能人才培养培训体系。保障不同群体发展机会公平，推动更多低收入群体迈入中等收入群体行列。其次，强化税收对收入分配的调节作用。进一步完善个人所得税制度，扩大综合征收范围。在现行个人所得税专项附加扣除制度的基础上，根据养育、教育、医疗、住房、养老等民生支出变化情况，适时调整专项附加扣除范围和标准，适当降低劳动报酬的最高边际税率。此外，发挥社会保障收入再分配效应。经过多年持续建设，我国已经建成世界上规模最大的社会保障体系，这成为14亿中国人安居乐业的保障，社会保障体系对收入再分配的作用日益显著。但现在的社会保障体系建设与社会、经济的快速发展和人民对美好生活的追求相比还有差距，应该进一步深化户籍制度改革，完善和加强社会保障制度建设，推进社会保障的城乡统筹与制度整合。以居民养老保险制度的城乡统筹为突破口，深入推进医疗保险制度、最低生活保障制度、社会救助制度的城乡统筹发展，提升基本社会保障的统一性，加强制度整合，缩小城乡与地区差距。推动社会保障制度的改革向纵深发展，促进社会保障体系由广覆盖向全覆盖转变。

同时，遵循按劳分配的原则，改革和完善现行的最低收入保障制度和社会救助制度。对有劳动能力的劳动年龄人口，应该把参与经济活动和劳动力市场作为享受国家福利和转移支付的条件，从制度上杜绝"养懒汉""等靠要"现象。制定鼓励劳动者通过诚实劳动、辛勤劳动、创新创业实现增收致富的政策体系，激发劳动者勤劳致富潜力，弘扬勤劳致富精神，提高低收入人群的劳动参与率和荣誉感，建立激励相容的共同富裕政策体系。

数字经济是当今时代正在发生的重要变革，对社会经济发展的诸多方面正在产生深远的影响。浙江是我国创新活动的重要区域，是数字经济比较发达的省份，要在建立数字经济时代下的收入分配机制、在弥合"数字鸿沟"、对数字企业或平台进行监管、完善平台企业就业者的劳动保护机制等方面积极探索，在数字要素确权和数字要素参与分配方面先行先试。

第三，实现人的全面发展，促进共同富裕的可持续性。社会经济的发展，归根结底是人的发展。2021年1月11日，习近平总书记在省部级主要领导干部学习贯彻党的十九届五中全会精神专题研讨班开班式上的讲话中指出，"要推动社会全面进步和人的全面发展，促进社会公平正义，让发展成果更多更公平惠及全体人民"。

为来自不同社会经济背景家庭的孩子创造公平的成长环境，使孩子们享受健康成长的公平机会，是促进人的全面发展的重要环节，是共同富裕的重要内容；全面发展的人也是共同富裕可持续的重要保证。实现机会均等化的改革和制度体系建设不仅关乎公平，也关乎效率，是形成人的全面发展与共同富裕可持续良性循环的关键，因此对于一个国家或地区来说至关重要。机会均等化政策主要包括以下两个方面。一是为儿童和青少年创造公平的成长环境。主要是通过教育、医疗等公共资源的合理配置，为来自弱势家庭和贫穷地区的孩子提供获得良好教育与健康服务的公平机会，使他们成长为德智体美劳全面发展的新时代劳动者。二是对已经形成的收入格局进行再分配。主要手段是通过税收和转移支付等方式减少环境差异带来的收入差距。浙江可采取如下政策措施来降低机会不均等程度、缩小收入差距、实现共享富裕的可持续。促进公共教育、医疗等资源的均等化。提升教育、健康服务等基本公共服务对于低收入人群的可及性是提高人力资本的重要途径，能够有效地增加代际流动，从而增加收入的代际流动，打破阶层固化，提升共同富裕水平。通过立法和制度建设规范劳动力市场行为，减少乃至消除性别、年龄、户籍、地域等劳动力市场歧视，实现同工同酬，使具有相同生产率的劳动者可以在劳动力市场上获得平等的报酬。此外，通过法律制度建设进一步规范收入来源；通过营商环境改善激发市场主体活力，从而推动更加充分更高质量的就业；通过政府、市场和企业的共同努力，健全工资合理增长机制，使劳动报酬及其在初次分配中的比重更加合理。

第四，扩大中等收入群体，实现高质量发展和高水平生活的良性循环。2021年3月，《纲要》提出，"坚持居民收入增长和经济增长基本同步、劳动报酬提高和劳动生产率提高基本同步，持续提高低收入群体收入，扩大中等收入群体，更加积极有为地促进共同富裕"。实施扩大中等收入群体行动计划是"十四五"在收入分配领域的政策重点。

一般而言，中等收入群体对社会经济的可持续发展至关重要。首先，中等收入群体是企业家的重要来源，为社会创造了就业和产出；其次，中等收入群体通过人力资本和物质资本的积累为社会发展提供投入；最后，中等收入群体对于高质量产品和服务的需求会反哺生产和市场。

对收入分配和消费而言，合理的收入分配格局应该是橄榄型格局。橄榄型常常被认为是收入分配意义下的良性社会结构，这也是共同富裕的题中之义。经过几十年的改革开放，尤其是经过脱贫攻坚的伟大斗争，我国农村贫困人口全部脱贫，全面建成了小康社会，但是与橄榄型社会还有一定差距，主要体现在中等收入群体规模过小，而中低收入群体比重过大、收入水平过低。

浙江发展均衡性好。城乡居民收入倍差为1.96，远低于全国的2.56，最高与最低地市居民收入倍差为1.67。浙江扎实推进共同富裕示范区，可率先在优化收入分配格局上取得进展，以城乡居民收入普遍增长支撑内需持续扩大，为经济发展注入强大动力源泉，实现高质量发展和高水平生活的良性循环。共同富裕示范区建设的一个重要目标就是进一步扩大浙江的中等收入群体规模，为其他地区提供宝贵经验。

中等收入群体在促进消费、拉动内需方面扮演了重要角色，因为中等收入者既有消费意愿，又有消费能力。因此，中等收入群体有时又被称为"消费阶层"。当代社会，中等收入群体通过消费为全球的经济增长做出了重要贡献，中等收入群体不仅通过追求更多样化和高质量的消费，对消费增长产生直接效应，而且通过更高的人力资本水平促进消费增长，通过更多的发展性消费提高劳动生产率。我国中等收入群体的成长和壮大越来越成为驱动我国及全球经济增长的重要力量，消费也呈现出消费升级与消费个性化的特征，消费结构逐渐从生存型消费转向发展型消费，如购房购车、教育培训、出国旅游、娱乐健身等支出不断增长。浙江应进一步加大人力资本投入力度，健全面向劳动者的终身职业技能培训制度，引导中等收入群体的消费习惯，提高他们在发展型消费上的比例。

扩大中等收入群体有利于构建"以国内大循环为主体、国内国际双循环相互促进的新发展格局"。在新冠疫情蔓延全球的大背景下，基于对严峻的国际和国内形势的判断，"双循环"新发展格局应运而生。在一个社会中，由于低收入者的消费能力有限，高收入者的数量有限、边际消费倾向不高，因此中等收入者将承担较大部分的消费需求，中等收入群体的消费效应对于扩大内需、促进国内大循环的有效运转有着重要意义，是实现高质量发展和高水平生活良性循环的关键群体。激发中等收入群体的消费潜力，也离不开供给侧改革，浙江要扩大优质产品和服务消费供给，充分利用浙江数字经济和网络平台发达的优势，加快线上线下消费双向深度融合，形成生产和消费的良性循环。

《纲要》明确提出，实施扩大中等收入群体行动计划，应以高校和职业院校毕业生、技能型劳动者、农民工等为重点。浙江民营经济活跃，在示范区建设中要进一步破除制约民营企业发展的各种壁垒，完善促进中小微企业和个体工商户发展的法律环境和政策体系，把创新创业作为扩大中等收入群体的重要手段，充分发挥多种经济成分和中小微企业与个体工商户在扩大中等收入群体中的作用。浙江是我国农民工的主要输入地之一，在扩大中等收入群体时，应对农民工群体给予高度关注，通过继续深化户籍制度改革，一方面进一步消弭城乡二元结构带来的城乡发展不平衡，另一方面探索完善农民工市民化和融入本地的方案。通过劳动力流动这一重要渠道充分发挥市场配置劳动力要素的功能，并使先富地区更好地带动后富地区。

浙江共同富裕示范区建设的目标体系和政策体系

浙江共同富裕示范区建设的目标体系

中共中央、国务院的《意见》指出,共同富裕具有鲜明的时代特征和中国特色,是全体人民通过辛勤劳动和相互帮助,普遍达到生活富裕富足、精神自信自强、环境宜居宜业、社会和谐和睦、公共服务普及普惠,实现人的全面发展和社会全面进步,共享改革发展成果和幸福美好生活。随着我国开启全面建设社会主义现代化国家新征程,必须把促进全体人民共同富裕摆在更加重要的位置,向着这个目标更加积极有为地努力,让人民群众真真切切感受到共同富裕看得见、摸得着。

为贯彻党中央、国务院《意见》的总体要求及整体目标,浙江省在《方案》中首先提出七大发展目标。

第一，率先基本建立推动共同富裕的体制机制和政策框架，努力成为共同富裕改革探索的省域范例。浙江将多措并举，各方协调，形成先富带后富、推动共同富裕的目标体系、工作体系、政策体系、评价体系，形成一些可复制、可推广的普遍性经验。

第二，率先基本形成更富活力、创新力、竞争力的高质量发展模式，努力成为经济高质量发展的省域范例。浙江将在经济发展质量效益、创业创新创造动能释放、高水平创新和科创高地建设、产业升级和消费升级等方面发力，在率先实现共同富裕进程中畅通经济良性循环，打造强劲活跃的增长极。

第三，率先基本形成橄榄型社会结构，努力成为地区、城乡、收入差距持续缩小的省域范例。浙江明确提出居民人均可支配收入与人均生产总值之比持续提高，达到50%以上；中等收入群体规模不断扩大，家庭年可支配收入10万～50万元和20万～60万元群体比例力争分别达到80%和45%；城乡差距显著缩小，城乡居民收入倍差缩小到1.9以内。

第四，率先基本实现人的全生命周期公共服务优质共享，努力成为共建共享品质生活的省域范例。浙江将实现基本公共服务均等化，在更高水平上推进幼有所育、学有所教、劳有所得、病有所医、老有所养、住有所居、弱有所扶。

第五，人文之美更加彰显，努力成为精神普遍富足的省域范例。浙江将基本建成以社会主义核心价值观为引领、传承中华优秀文化、体现时代精神、具有江南特色的文化强省，并将使社会主义核心价值观广为践行，人文精神凝聚力显著增强，人文关怀体现到城乡每个角落。

第六，生态之美更加彰显，努力成为全域美丽大花园建设的省域范例。浙江将持续建设美丽中国先行示范区，改善生态环境状况，推进碳达峰行动，促进"绿水青山就是金山银山"的生态价值转化。

第七，和谐之美更加彰显，努力成为社会和睦团结向上的省域范例。党建统领的整体智治体系基本建成，法治中国、平安中国示范区建设一体推进，清廉浙江建设纵深推进，政治生态显著优化，全面从严治党成效进一步彰显，基本形成活力和秩序有机统一的现代化社会。

浙江共同富裕示范区建设的政策体系

提高发展质量效益，夯实共同富裕的物质基础

大力提升自主创新能力

《意见》指出，浙江应以创新型省份建设为抓手，把科技自立自强作为战略支撑，加快探索社会主义市场经济条件下新型举国体制开展科技创新的浙江路径，并在关键核心技术攻关、重大科技基础设施和平台建设、数字经济创新发展、畅通创新要素集聚、科技成果应用和产业化等方面提出总体要求。

在探索科技创新新型举国体制浙江路径方面，浙江提出若干举措，包括实施关键核心技术攻关千亿工程，制定实施基础研究10年行动方案，推广多种攻关组织方式和多项人才计划，加快

取得一批重大成果。特别是，浙江聚焦于大力建设全球数字变革高地，包括深化国家数字经济创新发展试验区建设，基本建成全球数字贸易中心，深入开展数字生活新服务行动，实施全民共享数字红利行动，加快推进下一代互联网建设，推动各类数字化平台开发适应弱势群体需求的功能模块和接口，探索开展数字化制度和标准体系建设等方面。

塑造产业竞争新优势

《意见》指出，浙江应巩固壮大实体经济根基，夯实共同富裕的产业基础，并在加快推进产业转型升级，促进中小微企业"专精特新"发展，推动农村一、二、三产业融合发展，加快服务业数字化、标准化、品牌化发展，畅通金融服务实体经济渠道等方面提出总体要求。

在加快建设具有国际竞争力的现代产业体系方面，浙江提出若干举措，包括巩固壮大实体经济根基，加快建设全球先进制造业基地，深入实施制造业产业基础再造和产业链提升工程，开展产业集群培育升级行动，改造提升传统制造业，争创国家制造业高质量发展试验区，聚焦特色优势产业，争创服务业扩大开放综合试点，深化质量强省、标准强省、品牌强省建设等方面。

提升经济循环效率

《意见》指出，浙江应落实构建新发展格局的要求，贯通生产、分配、流通、消费各环节，在率先实现共同富裕进程中畅通经济良性循环，并在深化供给侧结构性改革，支持适销对路的优质外贸产品拓宽内销渠道，加快构建现代流通体系，统筹推进浙江自由贸易试验区各片区联动发展，畅通城乡区域经济循环，发挥好省内各地区比较优势，更好融入长三角一体化发展，加快建设"一带一路"重要枢纽等方面提出总体要求。

针对《意见》要求，浙江在高端要素、消费投资和"一带一路"建设等三大方面做出具体规划，助力经济循环效率的提升。

第一，打造全球高端要素引力场。浙江将实行更加开放的人才政策，建设一批人才管理改革试验区，加快构建辐射全国、链接全球的技术交易体系，构建数智化区域金融运行体系，深入推进普惠金融改革，以及构建现代流通体系等。

第二，扩大居民消费和有效投资。在消费方面，浙江将促进消费提质扩容，加快培育消费新模式、新业态，提升城市生活成本竞争力，有序取消行政性限制消费购买的规定，推动内外贸一体化顺滑切换。在投资方面，浙江将以促进共同富裕为导向，实施新一轮扩大有效投资行动，深入推进多项工程，并创新投融资体制机制。

第三，加快建设"一带一路"重要枢纽。浙江将提升数字创新、贸易物流、产业合作和人文交流四大枢纽功能，加快建设宁波舟山港等世界一流强港，着力打造油气全产业链开放高地，深化中国—中东欧经贸合作示范区建设，推动自由贸易试验区开展首创性和差别化改革探索，实现联动创新区全覆盖，培育外贸竞争新优势等。

激发各类市场主体活力

《意见》指出，浙江应推动有效市场和有为政府更好结合，培育更加活跃更有创造力的市场主体，壮大共同富裕根基，并在高水平推动国资国企综合改革试验，完善产权保护制度，加快建设高标准市场体系，坚持发展和规范并重，加大反垄断和反不正当竞争监管等方面提出总体要求。

在培育更加活跃更有创造力的市场主体方面，浙江提出若干举措，包括全面推进国企改革三年行动，强化国有资本推动共同富裕战略功能，全面落实民营企业发展促进条例，深化政商关系先行区试点和小微企业金融服务试验区建设，深入实施市场主体升级工程，实施高标准市场体系建设行动，打造营商环境最优省，坚持发展和规范并重，加大反垄断和反不正当竞争执法力度等。

此外，浙江结合自身优势，计划打造创业创新创造升级版，包括大力弘扬浙商精神、企业家精神，深入推进浙商回归，提升各类创业创新基地综合功能及带动作用，开展商品市场优化升级专项行动，建立健全支持个体工商户发展的政策制度，持续深化商事制度改革等方面。

深化收入分配制度改革，多渠道增加城乡居民收入

推动实现更加充分更高质量就业

《意见》指出，浙江应强化就业优先政策，坚持经济发展就

业导向，扩大就业容量，提升就业质量，促进充分就业，并在支持和规范发展新就业形态，完善促进创业带动就业、多渠道灵活就业的保障制度，统筹各类职业技能培训资金，鼓励返乡入乡创业，完善重点群体就业支持体系，创造公平就业环境等方面提出总体要求。

在推动实现更加充分更高质量就业方面，浙江将扩大就业容量、提升就业质量，率先构建新就业形态规范发展、创新发展的政策体系，健全统筹城乡、线上线下一体的就业公共服务体系，完善高校毕业生、退役军人和农民工等重点群体就业支持体系，深化构建和谐劳动关系综合配套改革试点等。

不断提高人民收入水平

《意见》指出，浙江应优化政府、企业、居民之间的分配格局，支持企业通过提质增效拓展从业人员增收空间，合理提高劳动报酬及其在初次分配中的比重，并在健全工资合理增长机制，完善创新要素参与分配机制，拓宽城乡居民财产性收入渠道，丰富居民可投资金融产品，鼓励企业开展员工持股计划，深入推进农村集体产权制度改革，立足于当地特色资源推动乡村产业发展壮大，建立集体经营性建设用地入市增值收益分配机制等方面提出总体要求。

在提高人民收入水平方面，浙江提出"居民收入10年倍增计划"。为了实现这一目标，浙江将健全工资合理增长机制，创新事业单位收入分配制度，鼓励依法创新支持实体经济发展、使民众分享增值收益的金融产品，支持企业实施灵活多样的股权激励和员工持股计划，开展农民致富增收行动，带动农民就近就地创业就业。

扩大中等收入群体

《意见》指出，浙江应实施扩大中等收入群体行动计划，激发技能人才、科研人员、小微创业者、高素质农民等重点群体活力，并在加大人力资本投入力度，开发式帮扶有劳动能力的低收入群体，拓展基层发展空间，规范招考选拔聘用制度，完善党政机关、企事业单位和社会各方面人才顺畅流动的制度体系，实行更加开放的人才政策等方面提出总体要求。

浙江提出了具体的"中等收入群体规模倍增计划"，包括健全扶持中等收入群体后备军发展的政策体系，让更多普通劳动者通过自身努力进入中等收入群体；大力吸引海内外高素质人才、高校毕业生来浙江就业创业；多措并举减轻中等收入家庭在教育、医疗、养老、育幼、住房等方面的支出压力；保障不同群体发展机会公平，畅通社会流动渠道；依法规范收入分配秩序，依法保护合法收入，合理调节过高收入，取缔非法收入。

完善再分配制度

《意见》指出，支持浙江在调节收入分配上主动作为，加大省对市县转移支付等调节力度和精准性，合理调节过高收入，并在依法严厉惩治贪污腐败、优化财政支出结构等方面提出总体要求。

浙江首先在完善创新要素参与分配机制方面提出若干举措，包括加快探索知识、技术、管理、数据等要素价值的实现形式，赋予科研机构和高校更大的科研经费使用和收入分配自主权，完善技术类无形资产挂牌交易、公开拍卖与成交信息公示制度，加快培育数据要素市场，加强知识产权保护，积极发展科技金融等方面。

在创新完善财政政策方面，浙江提出提高各级财政对高质量发展建设共同富裕示范区的中长期保障能力，坚持在尽力而为、量力而行的前提下优化财政支出结构，创新完善省对市县财政体制，扩围试行与生态产品质量和价值相挂钩的财政奖补机制，完善土地出让收入省级统筹机制，建立健全常态化财政资金直达机制等。

建立健全回报社会的激励机制

《意见》指出，浙江应鼓励引导高收入群体和企业家向上向善、关爱社会，增强社会责任意识，积极参与和兴办社会公益事业，并在充分发挥第三次分配作用，探索各类新型捐赠方式，加强对慈善组织和活动的监督管理，落实公益性捐赠税收优惠政策等方面提出总体要求。

浙江提出全面打造"善行浙江"，包括建立健全回报社会的激励机制，完善有利于慈善组织持续健康发展的体制机制，大力发展慈善信托，打造全省统一的慈善服务信息平台，发扬"人人慈善"的现代慈善理念，推动互联网慈善，完善慈善组织监管制度等方面。

缩小城乡区域发展差距，实现公共服务优质共享

率先实现基本公共服务均等化

《意见》指出，浙江应推进城乡区域基本公共服务更加普惠、均等可及，稳步提高保障标准和服务水平，并在推动义务教育优质均衡发展，深入开展健康浙江行动，积极应对人口老龄化，健全全民健身公共服务体系等方面提出总体要求。

针对《意见》对基本公共服务均等化的要求，浙江从多个角度制定具体规划。从年龄阶段看，既考虑学前儿童和中小学生的养育和教育，又考虑成人职业培训和老年人养老问题；从内容看，既考虑全周期教育人力资本的积累问题，又考虑健康人力资本的改善问题；此外还规划了公共服务社会化改革相关举措。

第一，率先构建育儿友好型社会。浙江将制定实施率先构建育儿友好型社会促进人口长期均衡发展的意见，大力发展普惠托育服务体系，实施学前教育发展三年行动计划，力争实现学前教育普及普惠。

第二，争创新时代教育综合改革试验区。浙江将在全省域构建未来教育场景，推动新时代城乡义务教育共同体实现全覆盖，进一步减轻义务教育阶段学生作业负担，推动普通高中多样化特色化发展和普职融通实现重大突破，完善特殊教育、专门教育保障机制，打造高质量发展的高等教育体系，探索终身学习型社会的浙江示范，并率先开展教育领域人事制度改革。

第三，健全面向全体劳动者的终身职业技能培训制度。浙江将深入推进"技能浙江"建设，使全省技能人才总量达到1 150万人；实施技工教育提质增量计划，将符合条件的技工学校纳入高等学校序列；完善技能人才培养、引进、评价、使用、激励机制；建成全省智慧技能培训一体化平台，形成市场培训和政府补贴培训相结合的工作机制；加强对农村转移劳动力等重点群体和新业态新模式从业人员开展精准培训，全面提升劳动者就业创业能力。

第四，深入实施健康浙江行动。浙江将在全省域率先推进健康跨场景应用，加快建设强大的公共卫生体系，健全整合型医疗卫生服务体系，完善乡镇卫生院基础设施和村级卫生服务，推动县级医院医疗服务能力提档升级，努力打造国家医学中心、国家区域医疗中心、省级区域医疗中心，争创国家公立医院高质量发展试点和国家中医药综合改革示范省，加快家庭医生签约服务扩面提质，基本形成全覆盖、均等化的全民健身公共服务体系。

第五，构建幸福养老服务体系。浙江将创新家庭养老支持政策，发展普惠养老和互助养老，全面推进智慧养老，大力发展健康养老新业态新模式，完善养老护理员教育培训、技能认定和信用管理制度，试点长期护理保险制度，全面建立以空巢、留守、失能、重残、计划生育特殊家庭老年人为主要对象的居家社区探访关爱制度，大力发展银发经济，完善老年人优待制度，有效开发利用老年人力资源。

第六，推进公共服务社会化改革。浙江将完善社会力量办社会事业政策制度，创新政府购买公共服务方式，加强非营利性公共服务机构监管体制建设，借助各方力量共建公共服务体系。

率先实现城乡一体化发展

《意见》指出，浙江应高质量创建乡村振兴示范省，推动新型城镇化与乡村振兴全面对接，深入探索破解城乡二元结构、缩小城乡差距、健全城乡融合发展的体制机制，并在推动实现城乡基础设施同规同网，推进以人为核心的新型城镇化，促进大中小城市与小城镇协调发展，推进以县城为重要载体的城镇化建设，深化新时代乡村建设等方面做出总体要求。

针对《意见》精神，浙江规划了六大措施。

第一，率先形成省域一体化发展格局。浙江将完善省域统筹机制，全力推进各个战略平台建设，深入推进空间规划一体化、公共服务一体化和基础设施一体化，加快高水平交通强省建设，发展智慧化、均等化公共交通服务，深入培育现代物流业，大力推进城乡水务一体化和规模化供水发展，深入推进长三角一体化高质量发展。

第二，开展新型城镇化"十百千"行动。浙江将加快四大都市区建设；推进"十城赋能"，完善城市地下空间管理制度，深化城市综合治堵工程；推进"百县提质"，推进以县城为重要载体的城镇化建设；实施"千镇美丽"工程，深化小城市培育试点，探索由镇村到城、建设新型城市的新模式。

第三，大力建设共同富裕现代化基本单元。浙江将在全省域推进城市未来社区建设，按照未来社区理念实施城市更新改造行动，推动老旧社区"微更新"，全域推进乡村新社区建设，开展未来乡村建设试点等。

第四，大力推进农业转移人口市民化集成改革。浙江将以农业转移人口为重点，持续深化户籍制度改革，深化新型居住证制度，探索试行以经常居住地登记户口制度，稳慎探索推进进城落户农民依法自愿有偿退出土地承包权、宅基地使用权、集体收益分配权，全面推行人地钱挂钩、以人定地、钱随人走制度等。

第五，率先探索以土地为重点的乡村集成改革。浙江将率先探索农民权益价值实现机制，深入实施国家农村宅基地制度改革试点，鼓励盘活农村闲置宅基地和闲置农房，推进农村集体经营性建设用地入市，构建现代农业经营体系，实施农民持股计划等。

第六，大力实施强村惠民行动。浙江将统筹推进高效生态农业、现代乡村产业、村级集体经济等协同发展，实施稳粮保供综合能力提升工程，发展农产品精深加工，培养一批乡土人才，统筹整合涉农资金，健全涉农金融机构和涉农金融产品体系以及村级集体经济收入增长长效机制，强化村级集体经济富民惠民功能等。

持续改善城乡居民居住条件

《意见》指出，浙江应坚持房子是用来住的、不是用来炒的定位，完善住房市场体系和住房保障体系，确保实现人民群众住有所居，并在有效增加保障性住房供给，土地供应向租赁住房建设倾斜，全面推进城镇老旧小区改造和社区建设，提升农房建设质量等方面做出总体要求。

浙江提出打造"浙里安居"品牌，具体措施包括完善房地产市场调控长效机制，健全以公租房、保障性租赁住房和共有产权住房为主体的住房保障体系，探索利用集体建设用地、企事业单位自有闲置土地和存量闲置房屋改建等方式建设租赁住房，加快完善长租房政策，建立人口净流入与土地供应联动、地价与房价联控机制，基本实现城镇集中成片棚户区改造，全面开展城乡房屋安全隐患排查整治，提升住房设计水平等方面。

织密扎牢社会保障网

《意见》指出，浙江应完善社会保障制度，加快实现法定人员全覆盖，建立统一的社保公共服务平台，实现社保事项便捷"一网通办"，并在健全多层次、多支柱养老保险体系，规范执行全国统一的社保费率标准，推动基本社会保险省级统筹，健全重大疾病医疗保险制度，做好长期护理保险制度试点工作，健全灵活就业人员社保制度，健全统一的城乡低收入群体精准识别机制，保障妇女儿童合法权益等方面做出总体要求。

首先，浙江将推进社保制度精准化结构性改革，具体措施包括促进灵活就业人员、新业态从业人员参加社会保险，开展专属商业养老保险试点，实行鼓励"多缴多得、长缴多得"的激励机制，推动基本医疗保险、失业保险、工伤保险的省级统筹，实现低收入群体医疗补充政策性保险全覆盖，健全防止因病致贫、因病返贫的长效机制。

其次，浙江将全面建立新时代社会救助体系，具体措施包括深化新时代社会救助综合改革，健全统一的城乡低收入群体精准识别机制，进一步扩大社会救助覆盖人群，实现低保对象应保尽保，进一步加大司法救助力度，推进预防性、发展性救助服务体系建设，实施人文关怀和社会救助幸福清单全覆盖行动计划，建立困境妇女、留守儿童关爱服务体系，健全残疾人保障和服务体系，健全困难职工帮扶机制，推行退役军人全生命周期管理保障新模式等。

完善先富带后富的帮扶机制

《意见》指出，浙江应加快推进省以下财政事权和支出责任划分改革，加大向重点生态功能区的转移支付力度，并在强化陆海统筹，升级山海协作工程，全域参与海洋经济发展，探索建立先富帮后富、推动共同富裕的目标体系、工作体系、政策体系、评估体系，深入实施东西部协作和对口支援，完善社会力量参与帮扶的长效机制等方面做出总体要求。

首先，浙江将创新实施先富带后富"三同步"行动，具体措施包括系统化建立先富带后富的帮促政策制度，实施绿色发展重点县同步基本实现现代化行动，实施乡村振兴重点帮促村同步基本实现现代化行动，推进乡村片区化、组团式发展，实施低收入群体同步基本实现现代化行动，针对不同劳动能力分类施策等。

其次，浙江将打造山海协作工程升级版，具体措施包括优化新阶段山区发展政策体系，探索推行市场化推动山区发展新模式，加快推动干部人才资源向山区26县倾斜，全省域推进海洋强省建设，强化陆海统筹、山海互济，按照产业链协同需求精准结对、合作共赢，探索完善山海协作"飞地"建设机制，更大力度支持建设"生态飞地"，全面推进革命老区、少数民族地区乡村振兴等。

此外，浙江还将打造对口工作升级版，具体措施包括加强对省外欠发达地区帮扶，坚持和完善东西部协作机制，长期全面精准开展与西藏、新疆、青海等地对口支援，深入开展浙吉对口合作等。

打造新时代文化高地，丰富人民精神文化生活

提高社会文明程度

《意见》指出，浙江应推动学习贯彻习近平新时代中国特色社会主义思想走深走心走实，实现理想信念教育常态化制度化，并在坚持以社会主义核心价值观为引领，推进公民道德建设，扎实推进新时代文明实践中心建设，完善覆盖全省的现代公共文化服务体系，弘扬诚信文化，加强家庭家教家风建设等方面提出总体要求。

首先，浙江将打造学习宣传实践习近平新时代中国特色社会主义思想的重要阵地，具体措施包括持续巩固深化"不忘初心、牢记使命"主题教育成果，系统开展"习近平新时代中国特色社会主义思想在浙江的萌发与实践"研究，实施浙江人文学科振兴工程，健全党员领导干部理论宣讲体系、基层理论宣传宣讲工作体系，加强党史、新中国史、改革开放史、社会主义发展史教育，守好红色根脉等。

其次，浙江将高水平推进全域文明创建，具体措施包括推动社会主义核心价值观深入人心，大力推进文明城市、文明村镇、文明单位、文明校园、文明家庭等群众性精神文明创建，推进公民道德建设，实施全民人文素养提升行动，弘扬诚信文化，推进文明好习惯养成，持续开展以劳动创造幸福为主题的宣传教育，加强家庭家教家风建设等方面。

此外，浙江还将构建高品质公共文化服务体系，具体措施包括推进公共文化数字化应用转型，深入实施新时代文艺精品创优工程，推进浙籍文艺名家回归计划，推进城市公共文化高标准设施、高品质服务提升计划，深入实施百城万村文化惠民工程，创新公共文化服务供给机制，推进媒体深度融合改革，打造辐射全球的国际传播窗口等方面。

传承弘扬中华优秀传统文化、革命文化、社会主义先进文化

《意见》指出，浙江应传承弘扬中华优秀传统文化，充分挖掘浙江文化优势；传承红色基因，大力弘扬革命文化；实施重大文化设施建设工程，提供更多优秀文艺作品、优秀文化产品和优质旅游产品，更好满足人民群众文化需求。

首先，浙江将传承弘扬中华优秀传统文化，具体措施包括持续推进大运河国家文化公园、诗路文化带等方面建设，打造具有代表性的浙江文化符号和文化标识；加强传统工艺、传统戏曲艺术等保护传承，深入实施文化研究工程，系统提升"浙学"品牌影响等。其次，浙江将加快文化产业高质量发展，具体措施包括丰富高品质文化产品和服务供给，实施文化产业数字化战略，优化文化产业发展布局，推进文化产业融合发展战略，建成全域旅游示范省等。

践行"绿水青山就是金山银山"理念，打造美丽宜居的生活环境

高水平建设美丽浙江

《意见》支持浙江开展国家生态文明试验区建设，绘好新时代"富春山居图"，并在强化国土空间规划和用途管控，坚持最严格的耕地保护制度和节约用地制度，实行最严格的生态环境保护制度，坚持山水林田湖草系统治理，完善生态保护补偿机制，继续打好蓝天、碧水、净土保卫战，推进海岸带综合保护与利用，促进海岛特色化差异化发展等方面提出总体要求。

首先，浙江将全力打好生态环境巩固提升持久战，具体措施包括实行最严格的生态环境保护制度，全面推进清洁空气行动，深化"五水共治"碧水行动，构建安全美丽"浙江水网"，实施农村生活污水"强基增效双提标"行动，统筹推进陆域海域污染协同治理、海洋生态保护与修复，强化土壤环境全过程风险管控，推进"无废城市"建设。

其次，浙江将实施生态修复和生物多样性保护计划，具体措施包括严格按照生态保护、基本农田、城镇开发边界实行用途管制，遏制耕地"非农化"、严格管控"非粮化"，全面推进乡村全域土地综合整治与生态修复，加快构建自然保护地体系，全面开展八大水系和近岸海域生态保护与修复，加强太湖、千岛湖等跨省界水体协同治理，全面提升生物多样性保护水平等。

全面推进生产生活方式绿色转型

《意见》指出，浙江应拓宽"绿水青山就是金山银山"转化通道，建立健全生态产品价值实现机制，探索完善具有浙江特点的生态系统生产总值（GEP）核算应用体系，高标准制定实施浙江省碳达峰行动方案，推进排污权、用能权、用水权市场化交易，大力发展绿色金融，全面促进能源资源节约集约利用，大力推行简约适度、绿色低碳、文明健康的生活方式等。

首先，浙江将高标准制定实施碳达峰行动方案，具体措施包括围绕能源消费总量、碳排放总量、能耗强度和碳排放强度四个指标科学编制实施碳达峰总体方案，加快推动能源结构调整，大力发展低碳高效行业，推动建筑、交通、农业领域绿色低碳发展，推行大型活动"碳中和"制度，推进低碳转型立法等。

其次，浙江将全面推行生态产品价值实现机制，具体措施包括探索建立具有浙江特点的常态化 GEP 核算和考核制度，探索创新优质水资源价值实现路径，构建数字化和绿色发展相融合的生态经济体系，创新生态补偿机制，培育发展生态产品和生态资产交易市场，高标准推进绿色金融发展，支持争创全国绿色金融改革创新示范区。

坚持和发展新时代"枫桥经验"，构建舒心安心放心的社会环境

以数字化改革提升治理效能

《意见》指出，浙江应强化数字赋能，聚焦党政机关整体智治、数字经济、数字社会、数字政府、数字法治等领域，探索智慧治理新平台、新机制、新模式，并在推进"互联网+放管服"，深化"一件事"集成改革，健全党组织领导的自治、法治、德治、智治融合的城乡基层治理体系，推进"最多跑一地"改革等方面提出总体要求。

针对《意见》要求，浙江提出健全党组织领导的"四治融合"城乡基层治理体系，主要措施有加强党对基层治理的统筹领导，全面推进"县乡一体、条抓块统"县域整体智治改革，健全完善"一肩挑"后村社治理体系，健全县级社会矛盾纠纷调处化解中心工作机制，大力推行信访代办制度，完善领导干部接访下访制度，推进市域社会治理现代化，持续深化党群服务中心（村级组织活动场所）建设提升行动，深入实施万村善治工程等。

全面建设法治浙江、平安浙江

《意见》指出，浙江应健全覆盖城乡的公共法律服务体系，加大普法力度，推动尊法学法守法用法，促进公平正义，建设法治社会，并在构建全覆盖的政府监管体系和行政执法体系，高水平建设平安中国示范区，建立健全覆盖各领域各方面的风险监测防控平台等方面做出总体要求。

针对《意见》要求，浙江将首先加快建设法治中国示范区，具体措施包括坚持立法与改革相衔接，加快构建全覆盖的政府监管体系和全闭环的行政执法体系，加强刑罚执行一体化建设，推动行政争议实质性化解，加快构建规范高效司法监督体系，加快构建依法治网体系，加强全域数字法院建设，加强数字检察建设，加快推进基层社会治理法治化，推动全方位诚信、全数据入信、全社会用信。

此外，浙江还将高水平建设平安中国示范区，具体措施包括完善风险"监测、预警、处置、反馈"闭环管控大平安机制，建立消防、道路交通、危险化学品、海上船舶、食品、药品、生态环境和金融等全链条精准化的行业监管体系，健全立体化、法治化、专业化、智能化的社会治安防控体系，全面加强经济安全，强化资源、能源、粮食安全保障，坚决守住不发生区域性经济金融风险的底线，加快构建"大安全、大应急、大减灾"体系，推进安全发展示范城市创建，构建网络综合治理体系等。

共同富裕示范区的可复制性和推广路径

示范区的可复制性

习近平总书记在《扎实推动共同富裕》一文中指出，"全体人民共同富裕是一个总体概念，是对全社会而言的，不要分成城市一块、农村一块，或者东部、中部、西部地区各一块，各提各的指标，要从全局上来看"。因此，共同富裕的整体评价指标在全国各地应保持基本一致，这也就要求共同富裕示范区的试点成果能够而且必须在全国范围内具有可复制性。

共同富裕的伟大实践需要市场力量、政府力量和社会力量共同推进。在政府层面，不同区域差异较小，有利于浙江经验的复制推广。例如，不同区域所面临的妨碍共同富裕的体制、机制相似，面临的再分配制度、基本公共服务等方面的不足类同，在示范区探索出一套行之有效的方案后，各地政府部门便可通过对制度进行改革和优化进而实现经验的复制。但改革路径相似不意味着实施力度相同。不同地区财政实力相差较大，"尽力而为、量力而行"仍是各地政府部门推进政策的前提。在此基础上，财政转移支付、对口帮扶可以减少不同地区在实施力度上的差异。

在市场力量和社会力量方面，由于不同地区自然条件、经济结构、发展阶段、文化习俗、社会人口结构等经济社会因素差异巨大，浙江示范区的具体做法不一定可以直接复制到其他地区。我们从全面脱贫伟大成就中总结的重要经验之一，就是各地需要在统一的方向、原则和整体思路下因地制宜探索有效路径和具体措施，共同富裕事业也应遵循这样的做法。因此，在市场和社会因素方面，各地需要从示范区复制一般性思路，结合当地情况细化成行之有效的措施。

示范区的推广路径

第一，浙江省内渐进推广。浙江在《方案》中明确提出建立争先创优机制。这一机制鼓励和支持有条件的市县和相关部门就示范区建设的重大改革、重大政策进行集成式创新和专项试点，打造更多最佳实践，以点带面推进整体突破；在此基础上建立最佳实践总结推广机制，及时总结普遍性经验，反馈体系效果，形成浙江标准，以备向全国复制推广。

第二，依据浙江经验，构建推动共同富裕的评价考核体系。浙江在《方案》中明确提出实施综合评估的目标，坚持定量与定性、客观评价与主观评价相结合，深化统计改革，科学设立高质量发展建设共同富裕示范区评价体系和目标指标体系，探索建立共同富裕实现度测度标准和方法，探索建立群众获得感、幸福感、安全感评价指数，全面反映示范区建设工作成效，更好反映人民群众满意度和认同感，并加强监测分析和动态调整。

第三，实时总结浙江经验，适时向其他地区推广。在浙江初步构建起推动共同富裕的评价考核体系后，便可将其推向全国。在推广过程中注重科学性和可行性，并需要在统一的体系框架下根据各地实际情况进行调整。在建立健全示范推广机制上，时机非常重要，需要及时总结示范区建设的好经验、好做法，归纳提炼体制机制创新成果，成熟一批、推广一批，在动态中向前发展，不断取得成效。

第四，在推广过程中，需要做好配套措施。首先需要强化政策保障和改革授权。《意见》规定中央和国家机关有关部门要结合自身职能加强对浙江省的指导与督促，并在各方面给予改革授权；涉及重要政策、重要规划、重大项目的，要依法依规办理并按程序报批。中央对浙江示范区的政策保障和改革授权需要在示范经验动态铺开后拓展到其他地区，这样可以对其他地区借鉴浙江经验及时提供政策支撑。其次需要强化人事制度配套。共同富裕事业的许多环节是新事物，要做好容错纠错工作，加强对敢担当、善作为干部的激励保护。浙江在《方案》中明确规定领导干部要切实承担主体责任，增强敢闯敢试、改革破难的担当精神，始终保持奋进姿态，立足于省情和发展实际，制定具体实施方案，充分动员各方力量，不断开辟干在实处、走在前列、勇立潮头的新境界。这一套领导干部的人事制度也需要拓展到其他实施共同富裕政策的地区。

第五，与其他国家进行经验交流。分配不平等是世界性难题，共同富裕是世界各国追求的理想目标。在中国实践共同富裕的伟大征程中，可以适时与其他国家交流分享成功经验，为世界探索解决分配不平等的中国方案。这既能体现中国的大国担当，也契合人类命运共同体的理念。

第六章

共同富裕的影响与机遇

共同富裕在家庭层面的影响与机遇

共同富裕将通过一整套措施深刻影响个人和家庭在人力资本、就业、收入和消费等经济循环各环节的环境与行为，并将为个人及家庭创造更多发展机遇。

人力资本

个人和家庭的物质富裕是共同富裕的基础，而人力资本则是创造财富、实现富裕的核心能力。其中，教育是个体获取收入的关键人力资本和国家持续发展的根本动力源泉。共同富裕旨在发展中缩小收入差距，短期内将借助多种改革措施提升弱势劳动者收入水平和改善收入分配格局，长期来看会用教育平等筑牢共同富裕的根基。正如习近平总书记在《扎实推动共同富裕》一文指出的，共同富裕应该"为人民提高受教育程度、增强发展能力创造更加普惠公平的条件，提升全社会人力资本和专业技能，提高就业创业能力，增强致富本领"。

促进教育平等将首先秉持全流程视角。个体从出生到进入劳动力市场历经多个教育阶段，每个阶段接收的教育"流量"最终汇集成获取收入的教育"存量"。只有从全流程视角缩小教育差距，才能尽力促进最终教育"存量"和劳动收入的平等。

整个教育流程中最关键的环节是义务教育阶段。虽然我国已实现义务教育全面普及，但义务教育质量在地区间、城乡间、区域内仍存在明显差距。改善地区和城乡间义务教育差距的优先事项或是妥善处理流动人口子女的教育问题。劳动力流动是缩小地区间收入差距的重要途径，限制劳动力流动的制度障碍已被显著削弱，但流动人口子女跟随父母在流入地就学的制度尚未建立，进而造成留守儿童现象。留守儿童问题不仅削弱了流动人口子女分享发达地区教育资源的权利，而且在关键的义务教育阶段存在父母照料缺失的问题，不利于流动人口子女顺利完成教育。

除了减少流动人口子女在流入地的就学限制，相关政策还将促进发达地区优势教育资源向欠发达地区流动：在改善欠发达地区义务教育基础设施的前提下，加强发达地区对欠发达地区教育结对帮扶，借助支教、互联网远程教育和其他教育资源的流转缩小地区和城乡间义务教育质量差距。政府将加大普惠性人力资本投入，有效减轻困难家庭教育负担，提高低收入群众子女受教育水平。同一区域内，义务教育阶段的师资力量和办学条件等教育资源也存在明显的不平衡现象。在义务教育阶段就近入学的制度前提下，决策者将探索教师等教育资源在区域内循环流动的改革方案，整体上实现优势教育资源的动态平衡。

促进义务教育平等或将强化公立教育体系的角色。学校在减轻学生课业负担的同时须兼顾基础学科教育的平等化，确保不同背景家庭的学生同等地学习升学必备的知识。除了强化现阶段九年义务教育的角色，还将探索适度延长义务教育、利用公立教育资源进一步缩小教育差距的改革措施，并完善课程体系、培养方式、教师薪酬等配套制度。

教育的全流程视角还要求政策制定者关注义务教育之外的其他教育阶段。学前教育是个体认知能力成形的关键时期，直接影响后续义务教育阶段的学习成效。但与义务教育相比，我国学前教育的普及率较低。2018年11月7日，《中共中央 国务院关于学前教育深化改革规范发展的若干意见》提出，"到2020年，全国学前三年毛入园率达到85%"。这一目标已基本实现。其中还提出，"到2035年，全面普及学前三年教育"。这一长期目标事关教育全流程的起点平等，是共同富裕"万里长征"的关键一步。

高中和大学教育是九年义务教育后的关键教育阶段。20多年的高校扩招政策拓宽了经由普通高中进入大学教育的路径，显著促进了高等教育机会平等。高校毕业生是有望进入中等收入群体的重要群体，相关政策将提高高等教育质量，使高校学生学有专长、学有所用，帮助他们尽快适应社会发展需要。与此同时，职业教育仍是后义务教育阶段的短板。职业教育培养专业技术劳动者，不仅能帮助弱势群体脱贫增收、缩小"白领"和"蓝领"之间的收入差距，还将为我国新发展阶段的劳动力市场铸造中坚力量。但我国职业教育吸引力较弱，质量参差不齐，毕业生在劳动力市场上获得的回报不够高，经济社会地位较低，进一步弱化了职业教育吸引力。打破这一"死循环"需要多管齐下，一方面，改进劳动力市场的流动和匹配效率，充分实现职业教育的劳动回报；另一方面，优化职业教育质量，完善培养体系，做好市场需求的对接和引领。在职业教育体系完善之前，可通过加强职业培训等方式提升蓝领劳动者的人力资本及其获取劳动收入的能力。相关政策将使技术工人成为中等收入群体的重要组成部分，吸引更多高素质人才加入技术工人队伍。

缩小教育差距还将权衡"平等"与"效率"的关系。促进教育平等需要充分尊重市场机制在教育资源配置上的效率作用，而不应强行拉平教育资源的可及性；需要重点破除供给侧的教育制度障碍，而非压制需求侧的教育投资意愿。促进教育平等需要投入大量资源，仅靠政府力量很难实现。决策者将充分调动公立教育体系、市场和社会教育资源等各方力量，打造平等、有效的教育制度，避免形式上的平均化，在教育整体进步中补短板、求平衡，在人力资本这一发展源泉中筑牢共同富裕的根基。

除教育外，健康也是人力资本的重要组成部分，是促进人的全面发展的必然要求，是经济社会发展的基础条件，也是推进共同富裕的根本要素。中共中央、国务院于2016年制定了《"健康中国2030"规划纲要》，提出"坚持以人民为中心的发展思想，牢固树立和贯彻落实新发展理念，坚持正确的卫生与健康工作方针，以提高人民健康水平为核心，以体制机制改革创新为动力，以普及健康生活、优化健康服务、完善健康保障、建设健康环境、发展健康产业为重点，把健康融入所有政策，加快转变健康领域发展方式，全方位、全周期维护和保障人民健康，大幅提高健康水平，显著改善健康公平"。其中强调的"大幅提高健康水平，显著改善健康公平"十分契合共同富裕理念，也将成为相关政策的实施重点。决策者将以农村和基层为重点，推动健康领域基本公共服务均等化，维护基本医疗卫生服务的公益性，逐步缩小城乡、地区、人群间基本健康服务和健康水平的差异，实现全民健康覆盖，促进社会公平。

"健康中国"的战略目标与共同富裕的阶段性目标也保持了精准对接。到2030年，促进全民健康的制度体系更加完善，健康领域发展更加协调，健康生活方式得到普及，健康服务质量和健康保障水平不断提高，健康产业繁荣发展，基本实现健康公平，主要健康指标进入高收入国家行列。到2050年，建成与社会主义现代化国家相适应的健康国家。上述目标十分契合共同富裕的阶段性目标：到2035年，全体人民共同富裕取得更为明显的实质性进展，基本公共服务实现均等化；到21世纪中叶，全体人民共同富裕基本实现，居民收入和实际消费水平差距缩小到合理区间。

综上所述，教育、健康等人力资本的全面性、普惠式发展是推进共同富裕的基础条件。在家庭、市场和政府的共同努力下，个人和家庭的人力资本水平将显著提升，人力资本差距将明显缩小，社会阶层固化将进一步打破，向上流动通道将进一步打通。不论行业、职业、工作岗位如何，每个人都将在坚实的人力资本基础上大显身手，共享高质量发展的累累硕果。

就业与收入

高质量发展的本质内涵，是以满足人民日益增长的美好生活需要为目标、兼顾效率与公平的可持续发展。高质量发展要求稳定居民收入来源，促进居民消费和投资，由此带来居民增收、消费升级、投资扩大、经济增长、居民增收的良性循环。与此同时，我们需要意识到，幸福生活都是奋斗出来的，因此对大部分人来说，美好生活的物质基础源于就业和劳动力市场参与，这也将是共同富裕的战略重点之一。

我国居民收入差距主要体现为城乡间和区域间居民的收入差距。在就业领域，缩小这一差距的关键点在于促进劳动力特别是农民工群体的自由流动。农民工群体从乡村流向城市、从欠发达地区流向较发达地区，既促进了流入地的发展，也提升了劳动者收入水平，是通过市场力量缩小居民收入差距的关键渠道。2019年，我国农民工群体达到 2.9 亿人的规模，农民工及其家庭成员占到将近 2/3 的国民人口。根据中国家庭追踪调查数据，2018年农民工内部中等收入群体占比为 53.0%，低收入群体占比为

39.7%，高收入群体占比为 7.3%。农民工群体和所在家庭极具成为中等收入群体的潜力。农民工成为中等收入群体对于提高社会总体消费水平、促进宏观经济稳定增长、助力双循环格局、实现共同富裕具有重要作用。

促进农民工群体自由流动的关键是户籍改革。近些年来，我国加快户籍制度改革步伐，连续出台《推动1亿非户籍人口在城市落户方案》等多个重磅文件。中共中央办公厅、国务院办公厅印发《建设高标准市场体系行动方案》，该文件再一次提出户籍制度改革。除了几个特大的城市之外，在具备条件的地方要进一步降低落户门槛，还提出以常住地来登记户口，而不是以原来的户籍所在地为准。

户籍制度改革等举措明显降低了劳动力流动成本，但影响劳动力流动的制度障碍依然存在。超大城市对人口流入依然抱持管控态度，这显著减少了农民工群体增加收入的机会。即便农民工流入超大城市，现有制度也妨碍他们均等地享受住房、医疗和子女教育等城市公共服务，这显著增加了他们在城市工作和生活的成本。在无法稳定地常住城市的预期下，农民工往往从事短期、临时性工作。一方面，收入较低，工作不稳定；另一方面，工作的频繁更换妨碍了他们人力资本和劳动经验的稳定积累，不利于其长期收入的提升。超大城市的管理者应全面审视和评估劳动力流动的影响，不能只把农民工当作城市的"负担"，而应将其视作城市发展不可或缺的人力资源。在此基础上，超大城市应与高质量发展下的共同富裕进程保持一致，进一步放宽劳动力流入限制，不断提升大城市管理水平，持续推动城市公共服务在可及性和质量上的均等化，努力促进农民工与本地市场融合，充分释放外来低收入群体获取劳动收入的潜能，真正践行"以人为本"的新发展理念。

农民工本质上是在城乡二元经济体制下选择迁移的劳动力，因此帮助农民工家庭提高收入，一方面可以增加城市的就业机会，为其提供良好保障；另一方面也可以振兴农村经济，改变农村产业结构，让一部分有能力并且愿意参与现代农业的农民工回流，最终实现更高收入水平的空间均衡。从城乡融合的视角看，未来的农业从业者不再是传统的农民，而是现代经济体系中的农业从业者，是一种职业。乡村也不再是传统的农村，而是生产生活体系中人口密度较低的区域，是城市的延伸。推动乡村振兴和城乡融合发展，也将赋予农民工更多就业选择，实现就业稳定和区域振兴的良性循环。

综上所述，对于普通劳动者特别是农民工群体来说，在推进共同富裕的过程中，区域流动限制有望进一步降低，在较发达地区就业、共享发展红利将变得更加可行。与此同时，随着乡村振兴的推进，农民工群体将有城乡双重就业保障，有利于共同富裕事业的扎实推进。

扩大就业、提高收入水平的另一个重要渠道是借力"大众创业、万众创新"。2014年中央经济工作会议提出要培育和探索新的经济增长动力，强调推行"大众创业、万众创新"。近年来，我国中小企业的经营环境不断改善，促进中小企业发展的法律法规和优惠政策的颁布又进一步调动了中小微企业经济活力。中小微企业占据市场主体的99.6%，企业数量在2019年已经突破1.22亿家，成为创造财富、吸纳就业、贡献税收、自主创新的主体。市场主体数量的急剧增加也意味着中小微企业主已经成为一类重要的就业类型，其收入结构影响整个收入分配结构。

不论是从收入较高的北京、上海、江苏和广东看，还是更广泛地考量东部、中部以及西部地区，中小微企业主家庭数量都逐年增长，家庭人均纯收入也普遍高于非中小微企业主家庭，中产家庭中的中小微企业主家庭占比也有上升趋势。大量的中小微企业主家庭处于更高的收入阶层，远超全国人口收入的中位数。进一步分析发现，从事个体经营或开办私营企业的个体更有可能进入中产和富人群体，在一定程度上说明鼓励中小微企业发展有利于促使一部分低收入群体上升到中等收入群体，提高中产群体比重。不仅如此，中小微企业主通过创业投资，带动了经济发展，创造了就业岗位，优化了市场结构，在共同富裕事业中体现出较大的乘数效应，理应受到政策的持续鼓励和扶持，包括改善营商环境，减轻税费负担，提供更多市场化的金融服务，帮助他们稳定经营、持续增收。个人和家庭也应抓住机遇，理解并善用创业创新相关政策，借助自身在人力资本、物质资本、关键技术、创业精神等方面的优势开辟新事业，提升自身收入，带动社会就业，营造人人参与的发展环境，在推进共同富裕中实现共赢。

习近平总书记在《扎实推动共同富裕》一文中指出，共同富裕"要抓住重点、精准施策，推动更多低收入人群迈入中等收入行列"。如上所述，广大农村居民和潜在的中小微企业主就是在就业和收入领域推进共同富裕的"重点"群体，是低收入人群迈入中等收入行列和扩大中等收入群体的突破口。

相比之下，最艰巨最繁重的任务仍然在农村。一方面，要巩固拓展脱贫攻坚成果，对易返贫致贫人口要加强监测、及早干预，对脱贫县要"扶上马送一程"，确保不发生规模性返贫和新的致贫。此外，提升农村居民收入的另一重要途径是加快推进农村土地流转，增加农村家庭的财产性收入。农村家庭的财产性收入比重与中等收入群体相比还很低，更多依靠打工收入。

就业、创业、投资等是收入初次分配的重要渠道，其中农村居民和中小微企业主收入的提升有助于低收入群体进入中等收入行列和扩大中等收入群体规模。共同富裕旨在形成中间大、两头小的橄榄型分配结构，因此基于再分配、三次分配协调配套的基础性制度安排对低收入进行保障、对高收入进行合理调节也必不可少。

低收入群体是促进共同富裕的重点帮扶保障人群，社会保障制度是重要政策工具。我国经过多年努力已经建立起世界上规模最大的社会保障体系，但是社保体系仍然面临覆盖面不全、保障水平不够等一系列问题，未来将逐渐改进和完善。首先，社会保障的覆盖面将进一步扩大，更多低收入家庭将进入社会保障的覆盖范围。其次，社会保障的统筹层次和保障水平有望进一步提高，逐渐突破城乡之间、区域之间、单位职工和普通居民之间的樊篱。此外，社会保障也将多措并举，全方位保障低收入家庭的生活。除了养老和医疗保障，兜底的社会救助体系也将进一步完善。特别是广大低收入家庭关注的住房问题也将得到极大解决：要完善住房供应和保障体系，坚持房子是用来住的、不是用来炒的定位，租购并举，因城施策，完善长租房政策，扩大保障性租赁住房供给，重点解决好新市民住房问题。

在橄榄型结构的另一端，政策将运用税收、转移支付等多种手段对高收入进行调节，缩小初次分配带来的收入差距。第一，进一步完善个人所得税制度，扩大综合征收范围，并减轻中等收入群体劳动收入的税收负担。例如，实行家庭申报制度，并适当降低劳动所得的最高边际税率。第二，逐步构建资本税、财产税的征收制度框架。随着收入差距的持续存在，财产存量的不平等已经成为一个突出的社会问题，并可能导致社会阶层的固化和社会流动性的降低，因此需要逐步推出资本税和财产税的征收制度。在中国家庭的财产构成中，房地产和金融资产占据主要部分，应该尽快摸清相关资产状况，稳妥启动征收房地产税和资本利得税，从而抑制房地产的投机行为并加大对短期资本利得、财产交易所得的调节力度。第三，逐步研究设立遗产税与赠与税的征收制度。遗产税是世界各国调节财富差距和财富代际传递的常用手段，而我国一直没有相关税收制度。目前我国社会已经出现了数量庞大且拥有巨额资产的家庭，具备了开征遗产税和赠与税的基础性条件，虽然这些税种的征收还存在一定争议，但是需要开始谨慎研究制定并适时施行符合中国实际情况的遗产税与赠与税制度。第四，依法严格执法，加强国际合作，防堵极高收入和财富群体的税收征缴漏洞。目前存在部分高收入群体利用不同国家税收制度差异及监管存在的疏漏，通过财富的跨国转移来规避我国税收制度的调控作用，因此需要通过国际合作和严格执法来防堵这一漏洞，从而保证税收征缴的公平性。第五，要加强公益慈善事业的规范管理，完善税收优惠政策，鼓励高收入人群和企业更多回报社会。

社会上对高收入调节政策有诸多误解，可能因为没有充分意识到此类政策的合法性和精准性。

首先，政策将明确区分合法收入和非法收入。一方面，"依法保护合法收入"是共同富裕的基本原则，"先富带动后富"是共同富裕的重要机制。习近平总书记在2021年8月17日召开的中央财经委员会第十次会议中指出，"要允许一部分人先富起来，同时要强调先富带后富、帮后富，重点鼓励辛勤劳动、合法经营、敢于创业的致富带头人"。另一方面，要坚决取缔非法收入，坚决遏制权钱交易，坚决打击内幕交易、操纵股市、财务造假、偷税漏税等获取非法收入行为。

其次，政策将充分区分个人和家庭的收入和财富水平，精准分类施策。共同富裕政策鼓励城乡居民增加住房、农村土地、金融资产等各类财产性收入；房地产税、资本利得税等税种的主要调节对象不是广大中低收入劳动者和普通投资者，而是拥有多套住房或大量金融资产的家庭。政策要清理规范不合理收入，加大对垄断行业和国有企业的收入分配管理，整顿收入分配秩序，清理借改革之名变相增加高管收入等分配乱象；与此同时，政策也将适当提高公务员特别是基层一线公务员及国有企事业单位基层职工工资待遇。

消 费

消费是拉动经济增长的主要动力之一，是"以国内大循环为主体"的关键环节，也是共同富裕的重要衡量指标。收入水平和结构决定消费水平和结构。当收入水平全面提升、收入结构趋向橄榄型结构时，消费水平也将随之升级，消费结构也将相应优化。

基于中国家庭追踪调查数据的分析揭示了橄榄型结构中最主要的中等收入群体的消费特征。从中等收入家庭消费的绝对数额角度看，食品支出额最大且呈逐年上升趋势，2010—2018年由13 260元增至25 302元。居住支出额次之，2014年增幅明显，随后稳定在11 559元。教育文化娱乐支出额、交通通信支出额位列第三、第四，中等收入家庭对这两项的支出额在各年度较为稳定，样本期间总体支出额分别为6 262元、5 969元。医疗保健、衣着是中等收入家庭第五、第六大消费项目，均呈逐年上升趋势，至2018年中等收入家庭的医疗保健、衣着支出分别升至6 798元、4 192元，相对于2010年的增幅分别为63.81%、74.09%。生活用品支出额位列第七，呈先增后降趋势，2014—2018年稳定在1 234元左右。其他消费性支出额在样本期间平均为 1 888 元。

从中等收入家庭消费的相对比例角度看，食品支出比例最大，中等收入家庭食品支出比例平均在 43.80%。居住支出占比次之，样本期间平均占比为 13.10%，且该比例从 2010 年的 7.26% 上升至 2018 年的 14.80%。交通通信支出占比紧随其后，样本期间整体占比为 11.40%，但该比例呈下降趋势，2010—2018 年由 15.10% 降至 10.70%。医疗保健支出比例较为稳定，各年数值在 9.61% 上下浮动。教育文化娱乐支出为第五大消费项目，其在总消费中的占比呈 U 形，先从 10.70% 降至 8.42% 再回升至 10.30%。衣着支出比例在 6.74% 左右，历年无明显变化。生活用品支出比例在 2010 年较高，占总消费的 10.30%，其余年份在 2.5% 左右。其他消费性支出比例最低（2.59%），说明以上几类消费占到约 97% 的中等收入家庭消费。

从中等收入家庭的边际消费倾向看，2010 年中等收入家庭的边际消费倾向最高（0.743），2012 年该数值最低（0.655），2014—2018 年稳定在 0.71 左右，即家庭纯收入每增加 1%，家庭总支出会增加 0.71%。

高收入和低收入家庭的消费水平、消费结构和边际消费倾向与中等收入家庭有明显差异。总体而言，高收入家庭、中等收入家庭、低收入家庭的总支出依次递减，家庭的消费水平和消费增速与其收入水平呈正相关关系。统计三类家庭支出最大的前三项消费项目，高收入家庭的食品支出、居住支出、教育文化娱乐支出在 2010—2018 年最高且增幅最大，平均支出额依次为 25 621

元、14 576 元、9 705 元。中等收入家庭支出最高的前三项与高收入家庭相同,样本期间平均食品支出额、居住支出额、教育文化娱乐支出额依次为 21 873 元、9 418 元、6 275 元。低收入家庭支出最高的前三项为食品、居住、医疗保健,样本期间平均支出额依次为 11 533 元、4 316 元、4 173 元。中等收入家庭各项消费均低于高收入家庭,其中食品支出、居住支出和教育文化娱乐支出差额最大,样本期间平均差额依次为 3 748 元、5 158 元、3 430 元。对比中等收入家庭与低收入家庭的支出额,2010—2018 年,中等收入家庭各项消费均高于低收入家庭,其中食品支出、居住支出和教育文化娱乐支出差额最大,样本期间平均差额依次为 10 340 元、5 102 元、2 884 元。综上所述,中等收入家庭的总体消费水平和各分项消费的支出额居于高收入家庭与低收入家庭之间,三类家庭支出额的主要差异在于食品支出、居住支出和教育文化娱乐支出。

消费结构方面,高收入、中等收入支出占比最高的前三项具有相同特征,均为食品、居住和教育文化娱乐。高收入家庭前三项的支出比例依次为 37.3%、15.5%、13.6%,中等收入家庭前三项的支出比例依次为 43.8%、13.1%、11.5%。低收入家庭支出占比最高的前三项则为食品、居住和医疗保健,前三项支出比例依次为 43.3%、13.3%、11.4%。对比中等收入家庭与高收入家庭各项消费的支出比例,仅有食品支出比例、医疗保健支出比例高于高收入家庭,尤其是食品支出比例,比高收入家庭高 6.5%。其余各项消费支出占比均低于高收入家庭,居住支出比例、交通通信支出比例、教育文化娱乐支出比例分别比高收入家庭低 2.4%、2.1%、1.81%。对比中等收入家庭与低收入家庭各项消费比例，两类家庭在食品、生活用品、交通通信、教育文化娱乐方面的消费呈现出类似的特征，支出比例差异均在 1% 以下。中等收入家庭在居住、衣着方面的支出比例分别高于低收入家庭 1.70%、1.35%，医疗保健支出比例低于低收入家庭 3.71%。综上，中等收入家庭主要在居住和交通通信支出比例方面低于高收入家庭，食品支出比例显著高于高收入家庭，在食品、生活用品、交通通信、教育文化娱乐方面的消费特点与低收入家庭相似。

2010—2018 年，高收入、中等收入、低收入家庭的平均边际消费倾向依次为 0.45、0.71、0.37。总体上，中等收入家庭在各个调查年度的边际消费倾向均高于其他两类家庭。具体到各个调查年度（2010、2012、2014、2016、2018 年），高收入家庭的边际消费倾向依次为 0.25、0.44、0.44、0.46、0.64，中等收入家庭的边际消费倾向依次为 0.65、0.70、0.72、0.72、0.74，低收入家庭的边际消费倾向依次为 0.25、0.29、0.36、0.47、0.50。除 2012 年和 2018 年高收入家庭的边际消费倾向显著高于低收入家庭，其余年份高收入和低收入家庭的边际消费倾向没有显著差异。

当中等收入群体规模和占比扩大时，全社会的消费结构就可能趋向于该群体的消费结构。以目前的数据看，食品支出约占四成，交通通信、医疗保健支出、教育文化娱乐等各约占一成。随着经济发展和收入提高，中等收入群体未来的消费结构可能趋向于高收入群体目前的结构，即非食品支出比重更高。随着更多低收入群体迈入中等收入群体，消费结构将进一步多元化。在消费水平方面，对高收入的调节可能会压低其消费水平，但低收入群体迈入中等收入群体后消费水平将明显提升。更重要的是，中等收入群体的边际消费倾向最高，即高收入或低收入家庭的1元钱转化成中等收入家庭的1元钱时，将带来更多的消费，这从根本上拉近了收入和消费的关系，将更加凸显共同富裕对消费水平的提升成效。消费水平的整体提升和结构优化一方面可使个人和家庭享受更美好的生活，另一方面也给创业者、投资者提供了更多发展机会，有利于整个经济在高质量发展中实现螺旋式上升的良性循环。

共同富裕在企业层面的政策路径及影响

维护劳动关系和谐稳定，加强劳动者权益保护

和谐稳定的劳动关系与共同富裕的关系

劳动关系是现代社会的基本经济关系，劳动者的劳动是社会生产最活跃最基本的要素。从财富的生产过程来看，只有各类生产要素尤其是劳动与资本之间构建和谐稳定的合作关系，才能提高各行为主体之间的合作效率，进而为推动共同富裕奠定物质基础。从财富的分配过程来看，财富的分配过程亦是各经济主体之间的谈判过程，只有构建平等和谐的谈判关系，才能保障各主体之间的协商效率和分配结果的相对公平。因此，构建和谐稳定的劳动关系、加强劳动者权益保护是扎实推进共同富裕的基础。

随着新业态、新经济的发展,新业态从业人员的规模日趋增大。共享经济为带动就业和经济增长注入新动能,但该模式下就业方式的灵活性和多样性,同时也带来了劳动者权益维护、劳动关系认定等新问题。为了维护新时代和谐稳定的劳动关系,应协同发挥市场、企业及政府的作用。

政策举措

发挥市场对各类要素共享企业成果的协调作用

首先,应促进劳动者、资本方等各类要素所有者共享企业发展过程,打破资本方对企业经营管理权的垄断。要健全完善企业民主管理制度,以职工代表大会为基本形式,探索企业职工参与企业管理的科学方式;完善企业及行业工会组织,要代表广大劳动者利益开展协商谈判,推动制定行业劳动标准,充分维护劳动者合法权益。其次,应促进劳动者、资本方等各类要素所有者共享企业发展成果,打破资本所有者对企业剩余索取权的垄断。劳动作为一种重要的生产要素,除了获得与其生产贡献相对应的劳动报酬等收益之外,理应共享企业剩余、分享企业利润。因此,企业应着力完善员工收入分配机制,合理确定各要素成果分配比例,努力实现劳动报酬增长和劳动生产率提高同步,让员工与企业共享发展成果。

消除就业歧视,实现同工同酬

确保劳动者与企业共享发展成果,这是一种结果公平。但现实中，由于就业歧视的存在，部分劳动群体在进入劳动力市场的机会和过程中可能存在不公平的现象。因此，为避免阶层固化、畅通向上流动通道，就必须确保劳动者在进入劳动力市场的过程中获得公平均等的就业机会。同时，坚持按劳分配原则、实行同工同酬。从企业层面来看，必须将反对就业歧视作为企业常态化管理的一部分，避免在人员招聘、用工等过程中出现相似问题，减少乃至消除性别、年龄、户籍、地域等劳动力市场歧视。从社会管理层面来看，劳动行政部门应打通就业歧视的反馈与举报渠道，加强立法与监管；推动劳动力要素有序流动，深化户籍制度改革，保障劳动者同工同酬，进一步缩小城乡差距。确保劳动者获得平等的就业机会与公平的收入分配，是实现共同富裕的重要保障。

规范企业用工形式，补齐劳动者权益保障短板

首先，企业用工的不规范主要集中于平台经济等新业态领域，在这些领域，应以《关于维护新就业形态劳动者劳动保障权益的指导意见》为范本，依据平台从业人员与平台企业之间的不同关系类型确定权益保障责任主体，逐步提高劳动者权益保障水平。其次，应着力补齐劳动者权益保障短板。例如，针对新业态从业人员发生意外伤害的概率较高这一特征，应当重点强化该群体的职业伤害保障。鉴于新业态下的灵活就业人员劳动关系认定存在困难，工伤保险制度无法覆盖这一特殊从业者，应鼓励平台企业通过购买人身意外险、雇主责任险等商业保险，提升平台对灵活就业人员的保障水平。

完善三方协商机制，强化劳动争议调解机制

应加强完善政府、工会、企业共同参与的协商协调机制，加强企业工会、行业工会、劳动行政部门对于各级劳资矛盾、劳动争议的协调与化解。尤其是要狠抓并根治拖欠工资问题、完善欠薪追缴制度，保障劳动者获得劳动报酬的权利，化解影响共同富裕的欠薪风险。

维护劳动者权益对企业的影响及应对措施

加强劳动者权益维护并不意味着牺牲企业的可持续发展。提高员工收入在企业利润分配中的比重、规范平台用工模式、为平台从业人员增购意外伤害险等措施，可能会增加相关企业用工成本，导致部分企业在同行业的竞争力下降。对此，政府部门应当在适当范围内予以补贴，以缓解相关企业在维护劳动者权益层面增加的成本压力。针对新业态从业人员的职业伤害保险，政府应总结各地新业态从业人员职业伤害保障试点的经验，引导更多平台从业者参与职业伤害保险；针对平台从业人员与平台企业之间的关系界定，相关部门应避免"一刀切"的方式，而应根据不同情况分类保护。总之，在切实维护新就业形态劳动者权益的同时，应促进平台经济规范、健康、持续发展，在做大"蛋糕"的同时分好"蛋糕"。

破除行业垄断，缩小行业差距

2021年8月30日，中央全面深化改革委员会第二十一次会议强调，要从构建新发展格局、推动高质量发展、促进共同富裕的战略高度出发，促进形成公平竞争的市场环境，为各类市场主体特别是中小企业创造广阔的发展空间。破除行业垄断不是"杀富济贫"，而是反对利用资源优势形成不正当竞争，有利于促进形成公平竞争的市场环境，从而提高资源配置效率。

反垄断与共同富裕的关系

垄断意味着不公平竞争，会对公平和效率产生影响。效率层面，垄断限制整体"蛋糕"做大。垄断产生的排他性和非竞争性会抑制同行业内中小企业的发展，同时对上下游企业形成压制，降低资源配置效率，也会损害消费者权益，这种垄断会影响经济效率。公平层面，垄断影响"蛋糕"分割。垄断企业通过价格歧视、恶性竞争等方式在财富分配中拥有更重要的话语权，从而影响分配制度的公平。因此，反垄断对促进共同富裕具有重要意义。行业层面，破除行业垄断能够促进形成更公平有效的市场竞争机制，改善行业竞争格局；企业层面，反垄断和反不正当竞争有助于建立良好的激励机制，引导企业良性发展，释放经济活力。

反垄断的政策路径

破除市场垄断

产业垄断分为市场垄断、自然垄断和行政垄断。在我国产业转型发展过程中，存在大量的垄断问题，对行业竞争效率、国民收入分配产生了明显的影响。我国《反垄断法》主要针对市场垄断行为进行规范，在垄断协议、滥用市场支配地位、经营者集中、滥用行政权力排除、限制竞争等方面予以明确的认定和判断，主要目的在于保护公平竞争，鼓励中小企业创新发展，逐步缩小行业差距，从而实现共同富裕。对此，具有市场支配地位的企业应遵守法律规章，不滥用市场支配地位、不达成横向或纵向垄断协议，经营者集中符合条件时应及时进行申报，营造良好的市场竞争环境。

2021年2月7日，国家市场监管总局网站发布《国务院反垄断委员会关于平台经济领域的反垄断指南》，针对平台经济这一市场焦点领域提出要求。对此，互联网平台企业应理解、遵循政策导向和制度规定，强化自我约束，并积极做好反垄断合规管理。例如，遵守相关法律法规，合规经营，识别与监测反垄断合规风险，加强信息披露等。同时，政府部门应持续加强对互联网行业垄断行为的监管力度，维护平台经济领域公平竞争，引导和激励平台经营者将更多资源用于技术革新、质量改进、服务提升和模式创新。

管制自然垄断及行政垄断

虽然反垄断法对于市场垄断行为进行了约束，但我国还存在大量自然垄断与行政垄断的二元性特征垄断行业，例如电力、电信、石油、铁路等行业，主要集中于国有企业。武小欣（2015）认为，我国具有二元特性的垄断现象是国有企业改革不到位、政府与市场关系调整不到位导致的，需要通过深化改革加以解决。

国有企业的特殊地位赋予国有企业被豁免的权利，但也应实行监督监管和价格调整机制。习近平总书记在《扎实推动共同富裕》一文中提出，"要清理规范不合理收入，加大对垄断行业和国有企业的收入分配管理，整顿收入分配秩序，清理借改革之名变相增加高管收入等分配乱象"。如果国有企业出现不公平交易、价格歧视、收入分配乱象等问题，国家相关部门应介入调查，查实后须进行整改，及时纠正价格歧视等不公平竞争行为，抑制垄断企业高管因垄断行为获得高收入。

反垄断举措可能产生的影响及应对措施

反垄断有利于维护公平的市场竞争秩序，但在平台经济领域的反垄断过程中可能面临一些问题。部分平台企业在市场上形成垄断的工具，除了优势地位与营销手段，最主要的还是基于独特的、具有专利性的算法模型所产生的技术优势。而抑制基于技术创新所形成的市场垄断，可能会抑制其他潜在创新者的创新潜能。因此，在平台企业垄断市场的负面效应可控的情况下，不妨

"让子弹多飞一会儿",形成鼓励技术创新与抑制市场垄断的平衡之策。因此,值得注意的是,平台经济领域的反垄断,反的不是平台企业在市场中的优势地位,更不是其核心的优势技术,而是一些平台扰乱市场秩序的垄断行为。

规范平台经济发展、调控收入分配差距

规范平台经济发展与共同富裕的关系

近年来,平台经济与新就业形态不断涌现。根据国家信息中心统计发布的《中国共享经济发展年度报告》,2018—2020年中国共享经济市场交易额分别为29 420亿元、32 828亿元和33 773亿元,参与共享经济的服务人员数量分别为7 500万、7 800万和8 400万,均呈现出逐年增长的趋势。一方面,平台经济大大缓解了社会就业压力,成为"稳就业"的重要一环;另一方面,平台经济领域存在着垄断行为及收入分配乱象,进一步扩大了收入差距,不利于共同富裕。因此,保障平台经济规范运行,调控平台企业收入分配差距,是推进共同富裕进程中的重要议题。

政策举措

加强对平台经济的监管

一方面,要持续规范平台企业用工行为。平台企业具有对客户信息及劳务需求的垄断性,与平台从业者之间存在严重的信息不对称,导致平台企业容易实现对平台工作者的压榨。例如,平

台企业可能会通过降低配送单价、提高配送强度来压榨配送员收入，且利用对数据资源的绝对控制来监管平台工作者的行为。其结果是财富向资本集中，从而进一步加剧收入分配的不公。对此，政府部门应加强对平台企业的监管力度，切实维护平台企业从业人员各项权益。另一方面，面对新经济中出现的众多商家，政府无法对每个商家都做到监管，但可以通过加强对平台的监管，制定相应的激励机制与惩罚措施，促使平台对其用户及商家进行监管，切实保障从业者、商户及消费者的合法权益。

完善数字经济时代下的收入分配机制

在数字经济时代，数据是一种重要的生产要素。党的十九届四中全会指出，要"健全劳动、资本、土地、知识、技术、管理、数据等生产要素由市场评价贡献、按贡献决定报酬的机制"。建立健全数字经济时代下的收入分配机制，关键在于明确数据要素参与分配的机制，同时改善劳动在企业利润分配中的比重。一方面，共同富裕不是平均主义，要保护由技术进步和创新产生的合理性的收入差距，保障高新科技人才获得应有的薪酬待遇，从而发挥平台经济拓宽收入渠道的功能，扩大中等收入群体，有效改善中低收入者生活水平。另一方面，政府应加大对平台企业的监管力度，取缔由垄断和不正当竞争获取的不合理高收入，有效控制平台的收益，完善平台企业收入分配机制，使更多的利润惠及普通劳动者。

加强监管对平台经济的影响

加强对平台经济的监管力度、调控平台企业收入分配制度、反对平台经济领域的垄断行为，对平台经济行业而言既是机遇又是挑战。从机遇来讲，只有在外力监管下加强平台企业的自我监管，警惕企业扩大后的惰性，并回归到提升产品质量、谋求创新发展的初心，才能保障平台企业更高质量的可持续发展；同时，为互联网经济行业营造正当竞争的氛围，激发平台企业进一步改善经营活动、提升创新活力的原动力，有利于整个行业的可持续发展。从挑战来讲，如何兼顾强化平台经济监管和进一步优化平台企业创新发展环境，仍是需要探索的问题。简单化禁止及"一刀切"监管，会影响平台经济的创新活力与发展潜能。因此，监管应跟上平台经济多样、多变的新业态、新技术、新模式，为平台企业商业模式、科技成果的创新发展、迭代升级预留空间。

促进产业高质量发展，扎实推进就业创业

产业高质量发展、就业创业与共同富裕的关系

实现共同富裕，就是既要把"蛋糕"做大，又要把"蛋糕"分好，而做大"蛋糕"，前提在于高质量发展。因此，要实现共同富裕，经济的高质量发展是重要途径，经济的高质量发展离不开产业的高质量发展与就业创业工作的扎实推进。

政策路径

促进产业高质量发展

第一,产业兴农,大力推进乡村振兴,实现城乡协调发展。在农业产业方面,因地制宜发展绿色农业、观光农业、"互联网+农业"等农业发展新模式,积极培育新型农业经营体系,打造第一、二、三产业融合的农业产业链,把更多农业增值收益留给农村、留给农民,促进农民增收致富。在数字产业方面,通过加快推进乡村服务数字化、乡村产业数字化,拓展乡村振兴的数字产业链,积极发挥数字经济及相关平台企业的作用,把有致富需求的农民纳入现代化产业链条之中,实现农村生产生活方式数字化转型。通过产业兴农、科技兴农,促进农民农村共同富裕。

第二,科技赋能,优化工业产业结构,推进第二产业提档升级。在产业结构方面,推进供给侧结构性改革,提升制造业发展质量。以高新技术和先进科技改造提升传统产业,提高产业竞争力;努力培育和发展新兴产业,大力发展芯片、新能源、新材料、生物医药、节能环保等关乎国计民生的高端制造产业。在创新驱动方面,提升关键基础零部件的自主研发、加工、生产能力和质量,提升大数据、人工智能发展水平,以高质量的科技创新引领和支撑高质量发展。在绿色发展方面,持续深化绿色发展理念,优化能源结构,推动工业产业可持续高质量发展。

第三,扩大优质供给,促进第三产业服务民生。共同富裕的实现，既需要提升第三产业对第一、二产业的服务质量，也需要降低教育、医疗、住房等民生成本。在产业匹配方面，生产性服务业要为传统农业与制造业转向高端化、智能化、绿色化提供优质的产业配套资源，加速第一、二、三产业融合发展。在民生保障方面，第三产业应回归服务本质，在关乎社会民生的教育、医疗、养老、住房等方面提供优质供给。具体而言，第三产业应优化托育服务供给，规范校外培训，加快推进教育资源均等化；建立更加完备的医疗保障体系，降低医疗支出成本，实现病有所医；扩大养老产业供给，建立更完备的养老保障体系，实现城乡居民老有所养；坚持"房住不炒"，扩大住房有效供给，从供给侧实现住有所居。

扎实推进就业创业

促进更高质量的就业、创业，是夯实共同富裕的民生根基。一是要帮扶重点群体稳就业，精准施策帮助、扶持高校毕业生以及就业困难人员实现就业，增加劳动者通过辛勤劳动提高收入的渠道。二是要充分发挥创业带动就业的"倍增效应"，加大重点群体创业就业的扶持力度，降低创业贷款门槛，鼓励更多群体通过创业进入中高等收入行列，从而促进橄榄型收入分配结构的形成。三是要利用平台经济等新业态创造更多就业岗位，鼓励互联网平台企业降低服务费、加盟管理费等费用，创造更多灵活就业岗位，吸纳更多劳动者就业。

潜在影响与应对措施

共同富裕的关键在于高质量发展，这对几乎所有行业、企业的发展战略都提出了新的要求。产业高质量发展离不开科技的进步和技能的创新，这对于提高人才素质、加大资金投入都具有较高的要求。因此，在企业层面，应健全内部人力资源管理体系和完善经营策略，为吸引更多创新型、技术型人才制定更具竞争力的薪酬待遇，同时加大研发投入占比。这就意味着企业应不断优化完善经营模式，同时在资金方面获得充分的保障，否则可能会面临经营不力甚至被市场淘汰的风险。因此，政府部门应提供相应保障。一方面，应加强劳动者技能培训，全方位培养适应产业高质量发展要求的高质量人才；另一方面，落实就业创业优惠政策，对为稳岗就业做出贡献的企业提供补贴；同时，落实企业研发费用加计扣除政策，减轻企业运营负担，调动企业增加研发投入、促进技术创新的积极性。

履行企业社会责任，助力实现共同富裕

发挥企业社会责任对共同富裕的推动作用

习近平总书记在 2020 年 7 月 21 日召开的企业家座谈会上指出："企业既有经济责任、法律责任，也有社会责任、道德责任。"在迈向共同富裕的过程中，企业作为市场主体，理应积极发挥社会责任，在参与公益慈善、助力乡村振兴、培养技能人才

等方面做出应有的贡献。

助力实现共同富裕的企业作为

第一，企业参与第三次分配。第三次分配是建立在自愿的基础上，以募集、自愿捐赠和资助等慈善公益方式对社会资源和社会财富进行的分配，是对初次分配和再分配的有益补充，有利于缩小社会差距，实现更合理的收入分配。应积极引导国有企业、民营企业参与公益慈善事业，帮扶弱势群体，引导资源向资源贫乏的群体转移。具体而言，企业可以通过提供普惠产品和服务，满足边缘人群、少数人群、特殊人群的需求；同时，企业可以参与到养老、住房、健康、环保等社会民生领域，在获取商业机会的同时，提升公共服务社会化供给水平。

第二，企业助力乡村振兴。企业参与到共同富裕中来，不仅仅是"一捐了事"，也应充分利用自身优势，将业务发展和履行社会责任相结合，以产业促振兴、以产业促分配。乡村振兴，产业兴旺是重点，而企业下乡和资本下乡能够为乡村产业振兴注入新动能。发展农产品加工业方面，应引导加工企业重心下沉，把更多的就业机会和增值收益留在农村、留给农民；发展乡村特色产业方面，企业下乡过程中应结合地方特色，因地制宜发展乡村旅游、休闲康养、电子商务等新业态，拓展农民就业增收空间。

第三，企业培养技能人才。随着新经济、新业态的发展，企业的人才需求与学校的教育培养模式之间可能存在断层，对此，企业应承担起培养技能人才的社会责任。一是要构建运行高效的技能人才培养及管理体系，对技能水平的要求具体到岗位，制定目标合理、切实可行的企业技能人才培养规划，培养真正适应企业发展战略的新时代人才。二是建立校企合作机制，将企业实干培训与学校系统培养相结合，从而建立一支适应新时代经济社会发展需求的高素质人才梯队。

对企业的影响及应对措施

从短期来看，企业承担社会责任，意味着付出更多成本。然而从长远来看，发挥企业社会责任、助力实现共同富裕能够帮助企业树立良好的信誉和形象，有利于提高企业竞争力、实现企业长远利益。参与实现共同富裕，是由企业的社会属性决定的。立足于共同富裕的视角，意味着企业必须淡化其利己的"工具性"，强化利他的"功能性"。

对此，政府应积极发挥引导功能，引导企业的社会责任行为向"社会至上"的利他模式转变。第一，政府要减少对企业慈善捐赠的行政干预，引导慈善捐赠成为真正利他的社会行为。第二，政府应将真正资源匮乏的群体显性化，建立资源转移投放的便利渠道，为企业利他型社会责任的履行提供更多选择，最大限度地调动全社会资源，实现资源流动和分配的高效性、公平性。第三，强化企业家的思想教育，正确认识企业发展与共同富裕的关系。第四，加大宣传企业的利他型社会责任表现，通过声誉机制引导企业在促进共同富裕中发挥更大的作用。

共同富裕对地方经济的影响及政府作为

充分认识共同富裕与高质量发展的关系，地方经济要发挥比较优势，注重高质量发展，坚持发展才是硬道理

党的十九大报告指出，高质量发展的本质内涵，是以满足人民日益增长的美好生活需要为目标的高效率、公平和绿色可持续的发展。提高发展质量，不仅是提高产品和服务的质量和标准，更重要的是促进经济、政治、社会和生态环境全方位、协调的发展。如果将追求经济增速作为唯一目标而忽视社会建设，会导致收入差距的不断拉大；同理，只强调缩小收入差距和平均主义，最终也只能带来共同贫穷而不是共同富裕。

2021年是"十四五"规划的开局之年。回望"十三五"，全国各地积极发挥地方优势，实现了地方经济的稳定发展和百姓的

脱贫致富，涌现出了许多值得学习的先进案例。

贵州的"数字"脱贫之路

图 6.1 展示了 2020 年我国各地 GDP 的增长率，贵州以 4.5% 的增速位居全国第二，GDP 总量首次跻身全国 20 强。作为我国精准扶贫的重点地区，贵州始终坚持国家战略与地方实际相结合，走出了一条欠发达地区发展数字经济的特色道路。

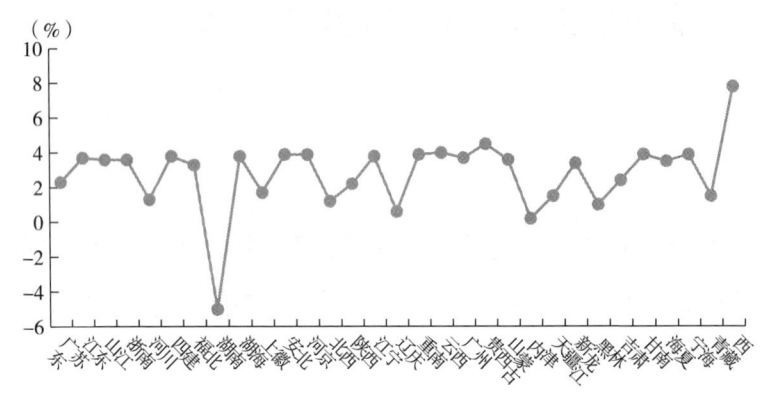

图 6.1　2020 年中国各地的 GDP 增长率

数据来源：国家统计局。

2016 年，贵州省成为首个国家大数据综合试验区，目标是围绕数据开放共享、数据中心建设、数据资源整合、数据要素流通、数据产业发展、数据制度创新等任务开展试验，为其他地区提供可推广的经验。5 年时间里，贵州积极推进农业、工业和服务业的产业数字化建设，依托新型基础设施建设实现供给端的高质量发展和产业的转型升级，培育新的经济增长点。截至 2019 年底，贵州省通信光缆总长度为 118.23 万公里，覆盖了

2 673.68万户家庭；出省带宽达121 000Gbps（交换宽带），光端口达1 585.92万个；全年数字基础设施投资额达127.7亿元。

在发展数字产业方面，贵州省先后出台了《关于加快大数据产业发展应用若干政策的意见》《贵州省大数据产业发展应用规划纲要（2014—2020年）》等政策文件，将重点放在大数据基地的建设上，通过开展产业链整合提升发展的质量和效率。以贵阳市为例，贵阳市利用中关村贵阳科技园的各类资源，积极推进大数据、人工智能等技术在智慧城市、食品溯源等领域的试点示范；借助三大电信运营商的数据中心资源，依靠物联网、数据软硬件制造的比较优势，引导数据产业上下游关联企业落户新区。为引进和培育大数据企业，贵州省整合省市两级财政资金设立大数据产业发展专项资金，引导社会资本共同发起成立大数据产业投资基金，为处于不同发展阶段的大数据企业提供资金支持。

除此以外，贵州坚持促进数据要素市场化与保障数据安全相结合，释放数据的最大价值。2020年6月印发的《贵州省大数据融合创新发展工程专项行动方案》明确要求，到2022年贵州省的数据要素市场基本成型。数据的市场化降低了交易环节的成本，为数字产业的升级发展注入了活力。截至2020年底，大数据对贵州的经济增长贡献率已经超过20%，数字经济成为贵州经济飞速增长的密码之一。

江苏的"绿色"发展之路

2020年9月,中国政府在第七十五届联合国大会上提出,"中国将提高国家自主贡献力度,采取更加有力的政策和措施,二氧化碳排放力争于2030年前达到峰值,努力争取2060年前实现碳中和"。《2021年国务院政府工作报告》指出,扎实做好"碳达峰""碳中和"各项工作,制订2030年前"碳达峰"行动方案,优化产业结构和能源结构。坚持绿色发展已经成为实现高质量发展的必要条件。

江苏作为能源消耗和碳排放大省,积极响应"绿水青山就是金山银山"的发展理念。"十三五"期间,江苏累计实现煤炭、钢铁去产能3 037万吨,关停化工企业4 454家,累计创建国家级绿色工厂174家、绿色园区14家,数量居全国第一。截至2020年底,江苏煤电机组全部达到超低排放水平。

江苏的"绿色"转型始终以供给侧结构性改革为主线,按照本质安全、绿色高端的要求,着力构建绿色发展技术创新体系,增强绿色产业发展新动能。以绿色建造为例,2015—2019年,江苏新增节能建筑面积共8.56亿平方米,新增应用可再生能源的建筑面积3.44亿平方米,累计节能1 843万吨标准煤,累计竣工绿色建筑面积占全国总量的1/4。绿色建筑的创新发展不仅全面提升了建筑业的低碳发展水平,而且满足了人民日益增长的美好生活的需要和对生活品质的更高追求。

对于传统制造业与服务业,江苏坚持淘汰落后产能,大力发展先进制造业集群与战略性新兴产业，积极构建绿色低碳发展体系。2020年，江苏全年压减钢铁产能80万吨、水泥产能210万吨、平板玻璃产能660万重量箱，关闭高耗能、高污染及"散乱污"企业3 600多家，关停低端落后化工企业1 200家以上。为引导企业的绿色转型和新旧动能的加速转换，根据《江苏省绿色制造体系建设实施方案》，江苏进一步加快风电、光伏发电等可再生能源的技术研发，因地制宜推进陆上风电、光伏发电等执行燃煤标杆上网电价的平价示范基地建设，积极扩大清洁能源的发展利用。江苏在绿色经济上的实践提供了值得借鉴的经验。

山东的"国企改革"之路

2021年"两会"期间，国务院总理李克强作政府工作报告时指出，"深入实施国企改革三年行动，做强做优做大国有资本和国有企业，深化国有企业混合所有制改革"。此次提请全国"两会"审查讨论的《中华人民共和国国民经济和社会发展第十四个五年规划和2035年远景目标纲要（草案）》也强调，"发挥国有经济战略支撑作用，调整盘活存量资产，优化增量资本配置，向关系国家安全、国民经济命脉的重要行业集中，向提供公共服务、应急能力建设和公益性等关系国计民生的重要行业集中，向前瞻性战略性新兴产业集中"。

山东素以"群象经济"闻名，国有经济在全省经济中占有重要地位。钢铁、煤炭、机械制造、高速公路等四大行业的资产总额和利润总额占到了省属企业总量的2/3,"粗、老、笨、重"的特点突出,省属企业整体的经营效益和利润水平在2012—2015年连续大幅下滑。

"十三五"期间,山东强力实施"三项制度"改革,坚决打破"铁饭碗"、搬掉"铁交椅"、摘掉"铁帽子",建立符合市场竞争要求的用工考核和薪酬福利制度。2020年以来,共有500多名中层管理人员被降职或免职,管理人员薪酬结构中绩效薪酬占比已达60%以上。同时,山东在全国率先出台省属企业中长期激励制度,推动符合条件的11户上市公司全部实施股权激励,占比超过省属控股上市公司总数的1/4;在195户非上市公司中开展了中长期激励试点,覆盖面达7.63%,两项指标均位居全国前列。

除了精简机构人员和工资激励,山东进一步加大重点行业领域国有资本重组整合力度,加快实施非主业资产清理整合三年行动计划,推动国有资本向"十强"产业、优势产业和核心主业集结。创新方面,山东积极落实研发投入刚性增长约束机制,指导省属企业编制科技创新专项规划,推进智能开采、燃料电池、数字化诊疗装备、超高强度钢等一批重大科技项目落地,确保工业企业研发投入增长10%以上,破除国企缺乏创新的发展难题。依靠强有力的国企混改,2019年山东实现营业收入14 330亿元、利润总额727亿元,资产总额达到34 081亿元,较2016年分别增长81.4%、247.9%和70.5%。山东成功抓住了国企改革三年行动的重大机遇,取得了阶段性的成效。

坚持共同富裕，各省必须坚持做大"蛋糕"，实现经济从高速增长到高质量发展的转变。在制度建设上，要坚持深化要素的市场改革，健全质量保障的法律法规体系，为培育高质量发展提供良好的社会环境。政策制定上，要集中力量突破技术"卡脖子"环节，补齐产业的短板，充分发挥地方的比较优势，将生态环境的硬约束内化到发展的进程中来。只有长期坚持高质量发展，才能为共同富裕目标的实现注入源源不断的活力。

重视低收入群体，加大力度提高低收入群体的收入水平，完善低收入群体的禀赋实现机制

在实现共同富裕的目标中，最重要的群体就是低收入群体。各地方政府要加大力度提高低收入群体的生活水平。在我国，低收入群体主要集中在农村，因此，要特别关注农民工群体，让更多农村劳动力加入劳动力市场、进入城市，把更多农民工群体变为中等收入群体。

《纲要》明确提出，实施扩大中等收入群体行动计划，应以高校和职业院校毕业生、技能型劳动者、农民工等为重点。2019年，我国农民工达到2.9亿人的规模。抓住农民工这个群体，是扩大中等收入群体的关键。当前，我国正处于由金字塔型社会向橄榄型社会的过渡阶段，与欧美等发达国家相比，我国的中等收入群体相对比重较低，并且其收入水平不高。早在2016年，习近平总书记就公开提出扩大中等收入群体，并指出扩大中等收入

群体是转变发展方式、调整经济结构的必然要求，是维护社会和谐稳定、国家长治久安的必然要求。我国当前有近3亿农民工，加上他们的家庭成员则构成了将近2/3的国民人口，因此农民工是未来中等收入群体的最重要来源。

消除两极分化、实现共同富裕是社会主义的本质要求。要实现共同富裕的目标，需要不断提高低收入群体的收入水平，使其进入中等收入群体行列。

表6.1是我国低收入家庭中有劳动收入的成员的特征。2018年，在低收入家庭的经济活动人口中，超过90%的人是农村人口，近60%的人从事农业劳动。我国农民工平均月收入为4 000元左右。农民工及其家庭最具成为中等收入群体的潜力。农民工群体成为中等收入群体是扩大中等收入群体的必然选择，是实现2035年远景目标的必然要求。

表6.1 低收入家庭经济活动人口的特征

	2010年	2012年	2014年	2016年	2018年
性别（1=男性）	0.551	0.538	0.544	0.548	0.536
年龄	43.63	44.48	45.13	46.38	48.4
户籍（1=农村）	0.827	0.846	0.858	0.893	0.915
教育年限	6.694	5.865	6.662	6.453	5.867
职业					
农业劳动	0.593	0.511	0.581	0.603	0.584
个体户	0.079 5	0.037 9	0.103	0.095 9	0.083 7
国有单位	0.112	0.067 3	0.068	0.060 6	0.045 6
民营单位	0.165	0.173	0.202	0.199	0.182

数据来源：作者计算自CFPS。

中等收入群体是社会的"稳定器"。经过几十年的改革开放，我国收入分配格局已从金字塔型转向了倒钻石型，最低收入层级人口比重下降，次低收入层级人口比重超过最低收入层级人口比重，但是距离橄榄型还有一定差距，这种差距就体现在中等收入者规模过小，而较低收入者比重过大。我国农民工群体长期处于城乡二元经济的中间地带，农民工进入中等收入群体有助于缩小城乡差距、区域差距，使社会成员更加平等地享受经济发展成果，进而帮助我国形成更加合理的收入分配格局。

当前，农民工群体中中等收入人群占比较低。我们把家庭人均纯收入在17 100~68 400元的家庭称为中等收入家庭。如图6.2所示，CFPS（2018年）中农民工个体为8 453个，其中，中等收入群体占比为53.05%，低收入群体占比为39.67%，高收入群体占比为7.29%。为了与农民工群体进行对比分析，我们测算了城镇人口的情况。在CFPS（2018年）中城市人口有4 399个样本，其中67.47%为中等收入群体，16.53%为高收入群体，这两种群体在城市人口中的占比远高于在农民工群体中的占比。

要构建并完善低收入群体的禀赋实现机制。作为低收入群体的主体，农民的禀赋主要为土地和劳动力。因此，要增加农民的土地权益，增加农民以土地为载体的财产性收入，同时促进劳动力市场更加自由地流动，让劳动力资源得到最有效的配置，提高农民工的劳动收入。

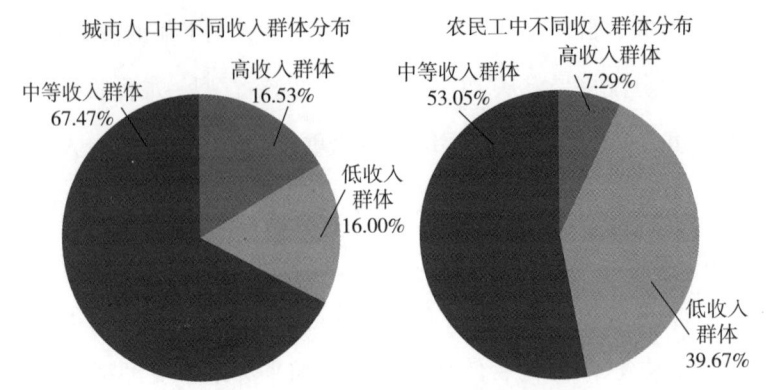

图6.2 城市人口与农民工中不同收入群体分布

数据来源：作者计算自CFPS。

加快户籍制度改革，帮助农民工尽快完成市民化

使农民工成为中等收入群体，一个重要路径就是让农民工不再是农民工，而变为永久的城市居民。长期以来，农民工由于户籍的限制在城市中面临就业、子女入学、社保等多方面的限制甚至歧视，制约了劳动力自由流动，也在很大程度上影响了农民工进入中等收入群体。当前，户籍制度改革还需要很多配套的政策措施，如财政政策、土地政策、社保政策等。只有这些政策同步改革，户籍改革才能有序推进，取得实效，才能真正推进农民工市民化。

加快推进农村土地流转，增加农民工家庭的财产性收入

农民工家庭的财产性收入比重与中等收入群体相比还很低，更多依靠打工收入。就财产分布而言，城市居民可以靠拥有多套住房进而收取租金，而农民工家庭财产收入的重要来源就是土地权益。因此，在农村土地完成确权的基础上，应该加快农地流转，成立流转中介机构，降低交易成本。当然，在鼓励土地流转的同时应当兼顾土地的保障功能，在追求效率的同时不可忽视对农民的利益保障。在土地流转改革时应当遵循的首要原则是自愿原则。也就是说，农民对其承包的土地有绝对的使用权和流转权。宅基地权益的改革也应该赋予农民更多的财产权利。保障农户宅基地使用物权，慎重稳妥推进农民住房财产权抵押、担保、转让，探索农民增加财产性收入渠道。

提高农民工家庭的保障性住房、医疗、养老等社会保障水平

农民工家庭消费主要用在住房和医疗上，这也成为农民工家庭重要的经济负担，降低了农民工的消费率。未来城市可以建设面向以农民工家庭为主的保障性住房工程，以小户型为主，降低建造成本，把价格控制在与农民工购买力相适应的水平。此外，进一步提高农民工的社保覆盖率和保障水平。目前，农民工参与职工社会保险的比例仅为三成左右，未来应该继续提高社保水平，解除农民工家庭的后顾之忧。

提升农民工人力资本，提高农民工子女的教育质量

人力资本是影响农民工成为中等收入群体的重要因素。当前我国农民工平均技能水平较低，应该全面加强农民工职业培训，拓宽技术工人上升通道，提高技能型人才的待遇水平和社会地位。此外，未来要进一步提升农村年青一代的人力资本，因为他们将是 2035 年农民工群体的主力军。要把更多资源转向教育，减少留守儿童的比例，帮助随迁子女就地入学，同时推动基本义务教育实现均等化。

缩小城乡和区域差距

城乡和区域差距是衡量共同富裕的一个重要标准。2021 年"两会"指出，协调是经济社会持续健康发展的内在要求。全面推进共同富裕取得实质性进展，必须树立协调发展理念，正确处理经济发展中的重大关系，重点推动区域、城乡以及社会各阶层、各行业之间协调发展，不断增强发展的整体协调性。

自 1978 年改革开放以来，人民生活水平显著提高。居民收入持续增加，全国居民人均年可支配收入从 1978 年的 171 元增加到 2020 年的 32 189 元（见图 6.3），但是城乡和区域之间的收入差距并没有取得有效的改善（见图 6.4）。2020 年，全国的城乡居民收入比约为 2.56。其中，仅有天津、黑龙江和浙江三省市将城乡收入比控制在 2 以下，多数省份的城乡收入比在 2.5 上下浮动，贵州和甘肃城乡收入差距较为严重。

CFPS（2018 年）的微观数据（见表 6.2）显示，各省区市家庭纯收入的基尼系数存在显著的地区差异，上海、广东以及北京再分配前的收入差距较大，城镇家庭的基尼系数与农村相比更高。但在消费领域，地区间的消费基尼系数较为平均，基本位于 0.5 以下，农村居民的消费支出差距相较城镇居民更加明显。

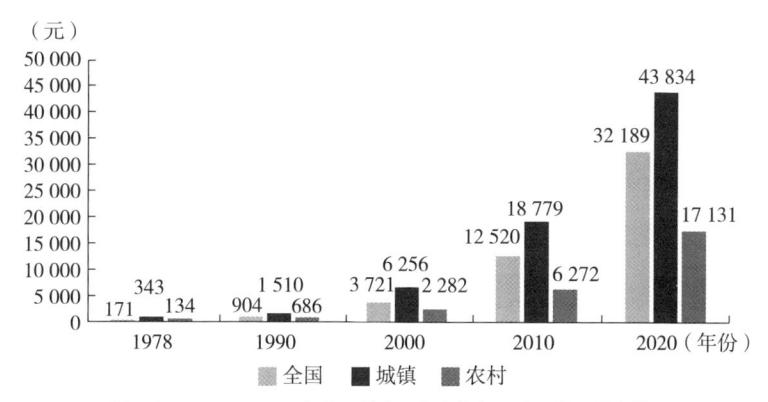

图6.3 1978—2020年全国城乡居民人均年可支配收入增长情况

数据来源：《中国的全面小康》。

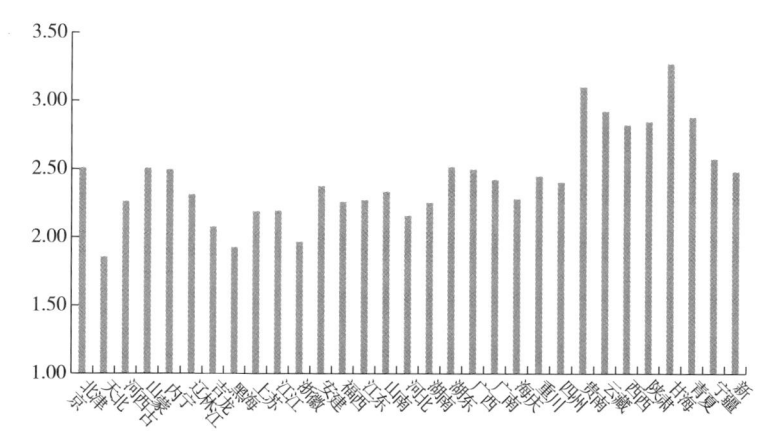

图6.4 2020年各地城乡居民收入比情况

数据来源：国家统计局。

表6.2 2018年各地家庭纯收入和居民消费的基尼系数

省区市	家庭纯收入	农村家庭	城镇家庭	居民消费	农村居民	城镇居民
北京	0.55	0.45	0.53	0.44	0.53	0.40
天津	0.45	0.35	0.37	0.43	0.27	0.34
河北	0.49	0.50	0.46	0.47	0.48	0.43

续表

省区市	家庭纯收入	农村家庭	城镇家庭	居民消费	农村居民	城镇居民
山西	0.47	0.46	0.47	0.44	0.46	0.40
辽宁	0.41	0.49	0.43	0.42	0.44	0.38
吉林	0.50	0.41	0.46	0.42	0.44	0.38
黑龙江	0.53	0.44	0.39	0.40	0.44	0.38
上海	0.73	0.43	0.55	0.49	0.42	0.44
江苏	0.50	0.45	0.52	0.43	0.52	0.54
浙江	0.42	0.45	0.51	0.58	0.48	0.49
安徽	0.53	0.56	0.48	0.42	0.44	0.46
福建	0.41	0.49	0.55	0.47	0.46	0.37
江西	0.47	0.48	0.43	0.47	0.49	0.39
山东	0.47	0.55	0.45	0.45	0.46	0.41
河南	0.51	0.47	0.43	0.44	0.45	0.40
湖北	0.52	0.43	0.44	0.53	0.43	0.40
湖南	0.51	0.48	0.46	0.35	0.48	0.45
广东	0.58	0.44	0.49	0.43	0.39	0.41
广西	0.47	0.47	0.44	0.48	0.46	0.47
重庆	0.47	0.54	0.39	0.46	0.48	0.40
四川	0.48	0.48	0.46	0.44	0.43	0.44
贵州	0.36	0.45	0.57	0.50	0.51	0.47
云南	0.48	0.48	0.41	0.46	0.52	0.44
陕西	0.48	0.50	0.54	0.44	0.45	0.38
甘肃	0.47	0.45	0.46	0.45	0.43	0.44

数据来源：CFPS 数据库，计算方法参考田卫民（2012）。

综上所述，经济的发展与收入差距的扩大长期相伴而行。"十三五"期间，以浙江为代表的部分地区充分发挥地方优势，因地制宜，显著缩小了区域和城乡差距，为共同富裕目标的推进提供了实践经验。

浙江的"山海经"

自 2003 年"八八战略"提出以来，浙江省集中发挥自身的区位和制度优势，努力使海洋经济和欠发达地区的发展成为经济的新增长点。2020 年，浙江省城乡收入倍差首次降至 2 以下（1.96），城乡居民可支配收入连续 20 年居全国第一名。

在"八八战略"中，"山海协作"是推动浙江山区建设、实现城乡一体化的重要一步。浙江兼具山海的地理空间，又因山海的分隔带来了区域发展的不均衡。基于对地理环境和经济现实的考察，浙江积极推进陆海统筹的一体化。2015 年，宁波舟山港集团成立，依靠"义甬舟开放大通道"将沿海港口、海岛和浙中内陆山区连接起来，从而形成区域范围的经济走廊。经济走廊不仅带动了沿线的基础设施建设，而且成功地与长三角一体化接轨，辐射"一带一路"，实现了跨区域的经济结构优化和产业的相互融合。"山海协作"把区域差异视为发展机遇，在遵循市场规律和生态文明可持续发展的基础上，探索出了欠发达地区互惠互赢、协调发展的新路子。这既是经济发展的基本期望和利益诉求，也符合各地区人民共同富裕的目标。可以说浙江为中国目前所面临的东部沿海与中西部内陆地区发展不均衡的现实问题提出了自己的方案。

黑龙江的"擂台战"

黑龙江是东北振兴战略的重要参与者。2020年，黑龙江全省的GDP增速由负转正，城乡居民收入比降至1.92。"十三五"期间，黑龙江借鉴浙江"一图一表一指数"赛马机制，创新推出"一图一表一评价"擂台赛新机制，按季度对全省各县（市）"4+1+N"项指标进行数据调度，采取无量纲化方法分别对数值和增量进行打分排序。通过开展区域间的良性竞争和学习交流，黑龙江成功挖掘出了不同区县的特色和支柱产业，依靠引进的龙头骨干企业和特色产业项目，真正实现了产业的错位发展和结构升级。

以连续两年在全省县域经济擂台赛上排名第一位的嫩江市为例，嫩江市坚持抓项目、育产业、增动能，打造"百亿级绿色农产品和食品加工、百亿级矿业"两个主导产业和"新型清洁能源、现代商贸物流"两个特色产业，培育壮大现代产业集群。通过瞄准矿产资源的深度开发和新型矿业产业链的综合利用，2020年矿业经济产值实现45.7亿元，多宝山铜业、铜山铜矿等矿业企业逐渐成为县域经济发展的中坚力量。

从农村出发，黑龙江努力推进乡村产业的发展壮大，大力发展休闲农业、健康养老、电子商务等新产业新业态，促进农村不同层次产业的融合发展。从城镇出发，推进以县城为重要载体的新型城镇化建设，赋予县级更多资源整合使用自主权，提升县城综合服务能力,辐射带动乡村的发展,加快县域内的城乡融合。

江苏对区域协调发展的探索

苏南、苏中和苏北不仅是对江苏地域上的划分,而且反映了江苏不同区域在经济发展水平上存在的巨大差异。2005年之后,苏南GDP的省内占比开始缓慢下降(见图6.5)。"十三五"期间,苏中地区的GDP占比进一步提高,苏北占比基本保持平稳。从GDP增速上看,苏南地区的增速明显高于苏中和苏北地区,区域差距在江苏仍然存在。

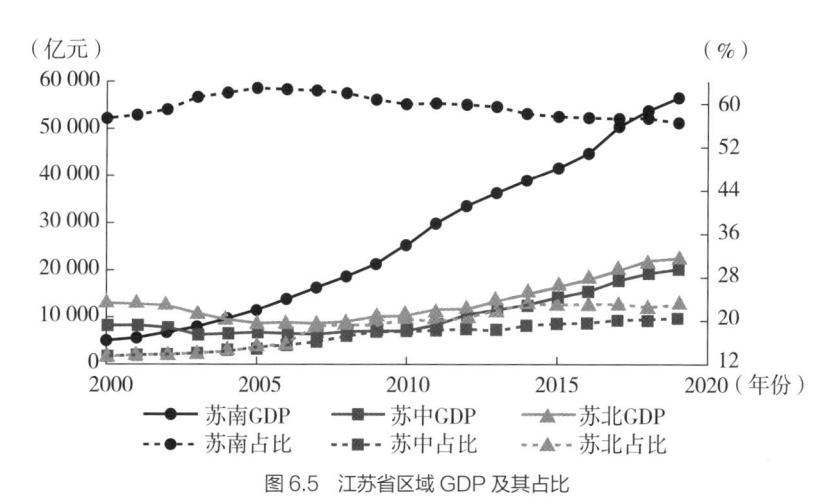

图6.5 江苏省区域GDP及其占比

数据来源:《江苏统计年鉴》。

为实现区域的协调发展,江苏坚持统筹实施苏南、苏中、苏北地区和沿沪宁线、沿江、沿海、沿东陇海线经济带战略组合,推进南北的合作。以宿迁和苏州共建的苏宿园区为例,"十三五"

期间，苏州工业园累计派出60多名干部参与园区管理，接受500余人次的赴苏各类培训，并组建中新集团、建屋集团等5家企业投资10多亿元参与建设，苏宿园区来自苏南的投资占比已经达到60%。截至2020年底，全省共有南北共建园区45家，累计入园企业超1 700家，项目注册金额超2 000亿元，带动就业66万余人，主要经济指标基本保持15%左右的年增长率，为苏北"洼地崛起"注入了新动能。

为改善苏北地区百姓的居住情况，2018年，江苏开始在徐州、连云港、淮安、盐城、宿迁5市有序开展苏北地区农民老旧房屋和"空心村"改造。在满足农民群众住房条件的同时，提升乡村建设品质，促进农村综合发展。住房改造优先解决困难群众的问题，充分尊重农民意愿，在统一规划设计、统一基础配套的前提下，支持农民开展"统规自建"，满足农民群众个性化需求。同时，以农房建设为中心，配建农村基础设施和公共服务设施，布局"一村一品"的特色产业，提高了农房改善项目与产业项目的契合度。苏北农房改造3年来，苏北地区通过土地指标交易筹集资金达448.95亿元，全部足额即时返还到苏北指标输出各地，为农房改造提供了有力支持。土地指标交易通过土地整理腾出建设用地跨区交易，不仅破解了苏北农房改造资金筹措难题，还为苏南发展送来紧缺的建设用地资源。江苏在区域联动和协调发展中的探索为全国提供了宝贵经验。

我国城镇化率将在未来现代化进程中继续提升，这是现代化的基本规律。在这个过程中实现共同富裕，必须提高城镇化质量。这不仅是缩小城乡差距的根本举措,也是缩小区域发展差距的重要方面。在此基础上,实现共同富裕还须推动乡村振兴,使留在农村的人口享受到和城镇人口大体相当的生活水平。各省应始终坚持在高质量城镇化和乡村振兴中推动区域的共同发展,缩小城乡差距。

第七章

实现人的全面发展

共同富裕与人的全面发展

实现共同富裕必然意味着人的全面发展。《纲要》明确指出，展望 2035 年，人均国内生产总值达到中等发达国家水平。人民生活更加美好，人的全面发展、全体人民共同富裕取得更为明显的实质性进展。全体人民共同富裕的目标真正体现的是"以人民为中心的发展思想"，把增进人民福祉、促进人的全面发展作为发展的出发点和落脚点。

实现共同富裕就要摆脱多维贫困，实现多维富裕

经过党的十八大以来的持续奋斗，我国如期完成了脱贫攻坚目标任务，现行标准下农村贫困人口全部脱贫，实现了人类历史上的减贫奇迹。按照学者的总结，中国的贫困标准是按照"绝对贫困"来定义的，具体来说是绝对收入主导型的多维贫困标准。改革开放以来，国家统计局根据基本需求成本法测算了三个不同的贫困标准，分别是"1978年标准""2000年标准""2010年标准"。其中"1978年标准"是指按1978年价格，每人每年100元，要保证每人每天有2 100大卡热量的食物支出，食物支出比重约占85%。基于当时农村的实际情况，基本食物需求质量较差，其中主食中粗粮比重较高，副食中肉蛋比重很低，且该标准中食物比重过高，因而只能勉强果腹。"2000年标准"是指按2000年价格，每人每年865元，这是基本温饱标准，保证每人每天2 100大卡热量的食物支出，是在"1978年标准"上适当扩展非食物部分，将食物支出比重降到60%，可基本实现"有吃、有穿"，满足基本温饱。"2010年标准"是中国消除绝对贫困的标准。按2010年价格估计，每人每年2 300元，在2020年为每人每年4 000元。除了收入标准外，新的贫困标准还明确要求稳定解决"两不愁三保障"问题，即脱贫除了收入要超过贫困线外，还要达到不愁吃和不愁穿（"两不愁"），义务教育有保障、基本医疗有保障和住房安全有保障（"三保障"）。

不少学者指出，2020年后缓解相对贫困和多维贫困问题是我国未来减贫的重点。多维贫困是指在度量贫困时不能仅凭收入水平的单一标准，而要结合教育、健康、住房、生活水平等多方面进行综合度量。联合国可持续发展目标提出，到2030年在全世界消除一切形式的贫困，凸显了解决多维贫困的重要性。宋扬、王暖盈（2019）指出，我国采用的扶贫标准由于考虑到"两不愁、三保障",实际上是一种收入主导型的多维贫困标准。也就是说,先认定家庭人均年收入低于贫困线的一定要纳入贫困户。除此之外,把家庭人均年收入高于贫困线,但是符合多维贫困标准的家庭也纳入贫困户。"三保障"政策目标下主要考查的贫困维度包括教育、医疗健康、住房等。

实现共同富裕,即要解决多维贫困问题,最大限度地降低多维贫困发生率和多维贫困深度,最终实现全体人民在多维度指标上达到体面生活的标准,实现人的全面发展。

实现共同富裕需要生活质量的全面提升

中华人民共和国成立 70 多年来,不同人群、不同维度的生活质量均有极大改善,人民群众的幸福感、获得感显著提升。主要体现在如下方面。

经济总量显著提升。2020 年我国国内生产总值突破 100 万亿元,经济总量有了质的飞跃。

经济结构持续优化。第三产业比重持续稳定上升。第一产业增加值占 GDP 比重从 1978 年的 27.7% 下降到 2020 年的 7.7%,下降 20 个百分点;第三产业增加值的比重由 24.6% 增长到 54.5%,提高 29.9 个百分点。第三产业对 GDP 增长的贡献率不断提高,拉动 GDP 增长的能力显著提升。同时,第三产业的行业结构不断优化,新兴生产性服务业增势强劲,生活性服务业蓬勃发展。

就业状况向好。城镇就业人员数量逐渐提高。城镇就业人员从1978年的9 514万人增长到2020年的46 271万人，城镇就业人员占比由23.7%增长至61.6%，城乡就业结构明显改善，近三年城镇调查失业率控制在5%左右。

人民生活水平明显提升。1978年，城镇居民和农村居民的人均可支配收入分别为343.4元和133.6元，到2020年人均可支配收入分别增长到了43 834元和17 131元，增长了近130倍。城乡收入差距从2008年以来有了较大幅度的下降，城乡发展的均衡性、协调性有所增强。居民人均消费支出显著增加，城镇居民和农村居民的人均消费支出分别由1980年的412元和84元提高到2020年的27 007元和13 713元。自2000年以来，城乡居民人均消费支出比稳步下降，到2020年已经低于2。

居民受教育水平不断提升。义务教育是依照法律规定对所有适龄儿童少年统一实施的具有普及性、强制性、免费性的学校教育，是提升国民素质的基础、实现社会公平的起点。接受义务教育是公民的基本权利，实施义务教育是政府的重要职责，支持义务教育是全社会的共同任务。中国九年义务教育巩固率逐年攀升，2020年中国九年义务教育巩固率达95.20%，较2019年增长了0.40%。2020年中国小学学龄儿童净入学率为99.96%，较2019年增长了0.02%。高等教育进入普及化阶段。2020年高中毛入学率达到91.2%,高等教育毛入学率达到54.4%；分别比2000年增长了48.4个百分点、41.9个百分点。

社会保障体系逐步完善。我国已建成世界上规模最大的社会保障体系，到2020年基本养老保险覆盖9.98亿人，基本医疗保险覆盖13.61亿人。居民人均预期寿命显著提高，从1981年的67.77岁提高到了2019的77.3岁。2020年末城市低保覆盖人数为805.1万人，农村低保覆盖人数为3 620.8万人。总体来看，2007年至2020年，城乡居民参加低保的人数呈下降趋势。

全面健康状况明显改善。人民健康是民族昌盛和国家富强的重要标志，也是中国人民的共同愿望之一。中华人民共和国成立以来，我国医疗卫生事业取得了举世瞩目的成就，居民健康水平持续改善，主要健康指标优于中高收入国家的平均水平，一大批传染病被消除，构建了基本覆盖全体14亿国民的医疗保障体系。我国卫生事业从艰难起步到蒸蒸日上，走出了一条中国特色的道路。世界卫生组织推荐的基本健康指标包括营养健康及社会心理发育指标、婴儿死亡率、幼儿死亡率、5岁以下儿童死亡率、某年龄平均预期寿命、产妇死亡率等指标。经过几十年的发展与建设，我国在这些主要指标方面均大幅提高，居民健康得到了有力保障。

脱贫攻坚战取得全面胜利。按照2010年标准，1978年我国农村贫困人口数为77 039万人，贫困发生率高达97.5%，到2012年全国农村贫困人口数大幅度下降至9 899万人，贫困发生率降至10.2%。2021年2月，全国脱贫攻坚表彰大会在北京召开，庄严宣告我国脱贫攻坚战取得了全面胜利，现行标准下9 899万农村贫困人口全部脱贫，832个贫困县全部摘帽，12.8万个贫困村全部出列，区域性整体贫困得到解决，完成了消除绝对贫困的艰巨任务。

生态文明建设取得新进展，城乡人居环境明显改善。生产生活方式绿色转型成效显著，能源资源配置更加合理、利用效率大幅提高，单位国内生产总值能源消耗和二氧化碳排放分别降低13.5%、18%，主要污染物排放总量持续减少，地级及以上城市空气质量优良天数比率达到87%，水质优良（Ⅰ～Ⅲ类）断面比例83.4%，森林覆盖率提高到24.1%，生态环境持续改善，生态安全屏障更加牢固，城乡人居环境明显改善。

推动共同富裕要坚持以人民为中心的发展思想

2021年2月25日,习近平总书记在全国脱贫攻坚总结表彰大会上的讲话中指出:"坚持以人民为中心的发展思想,坚定不移走共同富裕道路。"

践行以人民为中心的发展思想,是党的十八届五中全会首次提出来的。人民群众是中国共产党的力量源泉,人民立场是中国共产党的根本政治立场。习近平总书记在第十三届全国人大一次会议上的讲话中指出:"必须牢记我们的共和国是中华人民共和国,始终要把人民放在心中最高的位置,始终全心全意为人民服务,始终为人民利益和幸福而努力工作。"深入领会和牢牢坚守以人民为中心的根本立场,对于准确把握和全面贯彻习近平新时代中国特色社会主义思想、凝聚起实现"两个一百年"奋斗目标、实现中华民族伟大复兴中国梦的磅礴力量具有十分重要的意义。

不忘初心，方得始终。习近平总书记在党的十九届一中全会上的讲话中强调："为人民谋幸福，是中国共产党人的初心。我们要时刻不忘这个初心，永远把人民对美好生活的向往作为奋斗目标。"坚持一切为了人民，带领全国人民不断创造美好生活，这生动诠释了中国共产党人的根本立场，生动诠释了全心全意为人民服务的根本宗旨，生动诠释了新时代中国特色社会主义的根本追求。

把人民对美好生活的向往作为奋斗目标，从根本上回答了"为了谁"的问题，是立党为公、执政为民的生动体现，是共产党人始终坚守的政治灵魂和精神支柱。我们党来自人民、植根人民、服务人民。在革命、建设和改革的不同历史时期，我们党始终把人民放在心中最高位置，始终全心全意为人民服务，始终为人民利益和幸福而努力工作。中国共产党的奋斗史，就是一部全心全意为人民服务的历史。

把人民对美好生活的向往作为奋斗目标，最终要落实到实现好、维护好、发展好最广大人民的根本利益上。习近平总书记在党的十九大报告中指出："党的一切工作，必须以最广大人民根本利益为最高标准。"习近平总书记在视察广东的重要讲话中提出："不断解决好人民最关心最直接最现实的利益问题，努力让人民过上更好生活。"以习近平同志为核心的党中央始终秉持以人民为中心的发展思想，以造福人民为最大政绩，从群众最关心的问题入手，把民生疾苦放在心头，把改革发展责任扛在肩上，促进一大批惠民举措落地实施，推动发展成果更多更公平惠及全体人民；始终把人民利益摆在至高无上的地位，顺应我国社会主要矛盾已经发生历史性变化的实践要求，着力解决我国发展不平衡不充分的问题，在更高水平上不断满足人民群众日益增长的美好生活需要。

共同富裕，是中国共产党带领人民追求的一个基本目标，也是自古以来我国人民的一个基本理想。促进共同富裕是为了使人民过上美好生活。按照马克思、恩格斯的构想，共产主义社会将彻底消除阶级之间、城乡之间、脑力劳动和体力劳动之间的对立和差别，实行各尽所能、按需分配，真正实现社会共享、实现每个人自由而全面的发展。马克思主义就是关于人类解放、无产阶级解放和个人全面发展的理论。

实现共同富裕，反映了社会主义的本质特征，体现了坚持以人民为中心的根本立场。作为马克思主义政党，带领人民创造美好生活、实现共同富裕，是我们党矢志不渝的奋斗目标。习近平总书记在2015年8月21日党外人士座谈会上的讲话中强调："我们追求的发展是造福人民的发展，我们追求的富裕是全体人民共同富裕。"在革命、建设和改革的各个历史时期，我们党为实现人民幸福、迈向共同富裕而不懈奋斗。党的十八大以来，以习近平同志为核心的党中央始终坚持、着力践行以人民为中心的发展思想，把实现人民幸福作为发展的根本目的和归宿，不断朝着全体人民共同富裕的目标前进。

以人民为中心的发展思想不是一个抽象的概念，不能只停留在口头上、止步于思想中，而要体现在经济社会发展的各环节、全过程。而当前，尤其要体现在促进共同富裕上，使全体人民共同富裕取得更为明显的实质性进展。在高质量发展中推进共同富裕，首先应秉持以人民为中心的发展思想，按照"提低、扩中、限高"原则对不同收入水平群体设定不同政策路径。对于低、中等收入群体来说，坚持按劳分配，努力实现劳动报酬和劳动生产率同步提高；调整经济结构，增加就业机会，构建高效、可持续发展的现代劳动力市场和劳动制度体系；拓宽居民劳动收入和财产性收入渠道，扩大中等收入群体比重，提高就业质量与收入水平；优化针对低收入群体的转移支付结构，强化社会保障兜底作用，减轻中等收入群体的收入税负担。对于高收入群体来说，依法保护合法收入，合理调节过高收入，鼓励高收入人群和企业更多地回报社会；要保护合法产权，促进各类资本规范健康发展。

实现人的全面发展的主要举措

基本公共服务均等化

基本公共服务均等化的概念

基本公共服务均等化是指在一个国家内，使城乡之间、不同区域之间、不同群体之间享有的基本公共服务大致均等的过程。均等化的概念是具有相对性的，是一定差异之下的大体相等，而不是绝对平均主义。故均等化的具体判断标准在学界具有争议，大体分为机会均等和条件均等两种，前者指过程公平，后者指结果均等。在实现基本公共服务均等化的过程中，一类学者认为基本公共服务的均等化应实现全民均等，另一类学者认为应依照罗尔斯的"最大最小准则"，即均等化应优先改善社会最弱势群体的情况，公共服务在群体间可以存在差异，但该差异需要对弱势群体最有利。

基本公共服务均等化的意义

基本公共服务均等化有助于促进社会公平

作为社会主义国家，我国应不断改善广大人民群众的民生问题，从而坚守公平正义的原则。习近平总书记在党的十九大报告中强调："完善公共服务体系，保障群众基本生活，不断满足人民日益增长的美好生活需要，不断促进社会公平正义，形成有效的社会治理、良好的社会秩序，使人民获得感、幸福感、安全感更加充实、更有保障、更可持续。"基本公共服务的均等化便是社会公平的体现，是实现人民美好生活愿望的关键，具有维护社会稳定和谐的重要社会价值，更通过影响新生劳动力素质来影响着我国长期的可持续发展。故通过实现公共服务的均等化，可起到促进社会公平、人民幸福的重大作用。

基本公共服务均等化有助于促进消费

增强基本公共服务均等化水平可以降低居民的不安全感，进而减少预防性储蓄，增加居民消费。理论分析方面，凯恩斯的绝对收入假说理论指出消费者短期消费取决于其收入水平，特别对于中低收入群体而言，公共服务均等化水平的提升减少了居民在医疗卫生、基本教育等方面的支出，从而变相提高了居民收入水平，提升了居民消费信心，扩大了整体消费规模。庇古的福利经济学理论认为，社会基本公共服务均等化可以提升社会总体福利水平，促进经济的整体增长，从而增加居民收入水平，刺激消费。实证研究方面，许坤等（2020）通过2007—2017年宏观数据，用面板模型和面板分位数回归模型进行检验，发现基本公共服务均等化水平的提升对居民消费率有促进作用，该促进作用在西部地区最为明显，公共服务中医疗卫生服务、公共安全服务与基本教育服务对最终消费率的边际促进作用最高，总体而言，基本公共服务均等化对消费的边际促进效果呈倒N形。故通过推进公共服务均等化，可以达到促进消费经济增长的效果。

推进基本公共服务均等化的主要措施

从2017年1月国务院发布《"十三五"推进基本公共服务均等化规划》以来，我国确立了"到2020年基本公共服务均等化总体实现"的目标。党的十九大进一步明确"2035年基本公共服务均等化基本实现"的长期目标。基本公共服务的均等化已经成为"十四五"时期乃至未来更长一段时间的重点，故均等化的标准、范围、重点任务不断明确。2018年1月，国务院发布《基本公共服务领域中央与地方共同财政事权和支出责任划分改革方案》，科学有效地划分了中央政府与地方政府的职责，并规范了其支出责任分担方式。同年7月《关于建立健全基本公共服务标准体系的指导意见》指出应以标准化来促进基本公共服务均等化。伴随着经济社会的发展，2020年10月，党的十九届五中全会在描绘2035年远景目标时提出"基本公共服务实现均等化"，比党的十九大提出的"基本实现"更进一步。可见，政府根据不同的经济情况，自上而下地进行基本公共服务的均等化。首先通过建立基本公共服务清单、明确重点任务分工推进了均等化的目标，接着通过健全财政保障机制提高了均等化的执行能力，最后通过构建基本公共服务标准为均等化的推进提供技术支持，从而向 2035 年实现基本公共服务均等化这一远大目标努力。

全面提升公民的人力资本水平，促进教育公平

人力资本水平是人的全面发展的重要指标。在联合国计算的人类发展指数中，人力资本一直是非常重要的指标。从微观上，人力资本直接影响个人收入和福祉；从宏观上，人力资本直接影响一国的经济增长水平。

我国人力资本水平已显著提升

在全面建成小康社会进程中，中国坚持以发展促人权，坚持教育公益性原则，把教育公平作为国家的基本教育政策，人民受教育权保障水平显著提升。全国学前三年毛入园率从 2010 年的 56.6% 提高到 2020 年的 85.2%，实现了学前教育基本普及。2020 年，全国九年义务教育巩固率为 95.2%，义务教育普及程度达到世界高收入国家的平均水平。残疾儿童义务教育入学率达 95% 以上。建立了覆盖从学前教育到研究生教育的全学段学生资助政策体系，不让一个孩子因家庭经济困难而辍学的目标基本实现。倾斜支持农村教育、中西部地区教育，全国 96.8% 的

县实现义务教育基本均衡发展，使更多农村和中西部地区孩子享受到更好更公平的教育。全国高中阶段教育毛入学率从2000年的42.8%提高到2020年的91.2%，超过中等偏上收入国家平均水平；高等教育毛入学率从2000年的12.5%提高到2020年的54.4%，高等教育在学总规模超过4 000万人，建成了世界上最大规模的高等教育体系。

教育普及率的提升和教育质量的提高离不开我国改革开放以来持续的教育改革。从1978年起，教育改革进入重要的转型期，采取了拨乱反正、整顿秩序、恢复高考与出国留学等措施。1983年，邓小平提出"三个面向"，即教育要面向现代化、面向世界、面向未来的战略指导思想，为教育改革明确了方向。1985年《教育体制改革决定》出台，1986年颁布实施《义务教育法》，1993年以来实施了一系列教育改革政策，包括素质教育的实施、基础教育课程改革的启动、免费义务教育的实施、高校招生制度改革、职业教育改革等。

例如，2000年前后我国家庭教育经费负担达到了很高的水平，沉重的教育经费负担导致大量农村儿童辍学，义务教育的普及被大打折扣。高校学费水平的快速提高，使一部分家庭特别是农村家庭难以负担大学教育的成本。2000年后经济快速发展，财政收入高速增长，在这一背景下，教育投入体制改革在两方面展开：一方面，通过完善学生资助制度、减轻家庭教育负担，提高教育财政公平；另一方面，通过大幅度增加政府教育投入，提升教育财政充足性。具体来说，实行免费义务教育，降低学校收费，减轻家庭教育负担。2001年国务院在《关于基础教育改革与发展的决定》中提出，在农村义务教育阶段学校实行"一费制"改革，即在严格核定杂费、课本和作业本费标准的基础上，统一向学生一次性收取费用。同时还对贫困地区家庭经济困难的中小学生免费提供教科书，采取减免学杂费、书本费、补助寄宿生生活费，即"两免一补"等办法减轻家庭经济困难学生的负担，开始了免费义务教育制度改革。2008年左右，全国农村和城市义务教育阶段学生全部免除了学杂费和书本费，实现了免费义务教育。

就高等教育而言，1999年为应对高校扩招、学费大幅度提高所引起的家庭经济困难大学生越来越多的情况，中国开始建立政府补贴部分利息的高校学生国家助学贷款制度。这主要是为了完善非义务教育学生资助制度。随着高校学费制度的建立，特别是扩招后学费的大幅度提高，此举可一定程度上帮助家庭经济困难学生完成学业。另外，也建立和完善了中等职业教育学生资助制度，在实现对农村学生、城市涉农专业学生免除学费基础上，分类推进中等职业教育免除学杂费，大大减轻了中职学生家庭的教育负担。

2010年国务院正式审议通过了《国家中长期教育改革和发展规划纲要》，在新的历史起点上将加快推进教育改革和发展。2013年以来，在习近平新时代中国特色社会主义思想的指引下，我国全面深化教育领域综合改革。党的十八届三中全会做出《关于全面深化改革若干重大问题的决定》进一步强调实行教育优先发展的方针，确定教育发展的总目标，加快教育现代化，办好人民满意的教育。

持续提升教育质量，促进教育公平

中国经济高质量发展的现实需求，对于教育改革发展尤其是教育质量的提升提出了现实的要求。同时，教育在促进短期经济结构转型以及长期经济高质量发展的过程中也将扮演重要角色。《教育规划纲要》提出，"制定教育质量国家标准，建立健全教育质量保障体系"，把"提高教育质量作为教育发展的核心任务"。这标志着我国教育从规模扩张向内涵发展的战略转型，也是世界多国教育发展到较高水平的重要特征。

2015年联合国提出的可持续发展目标（SDI）中，教育目标被单列为第四项，教育目标的核心之一便是教育质量。教育质量的定义包含两个层面的质量：学生层面与教育系统层面。前者主要指教育有效地促进学生在认知与非认知方面的发展，比如能够掌握必要的知识与技能，获得终身学习的能力以及培养积极的情感、态度、价值观；后者主要指教育资源得到公平配置及有效利用，教育能够满足学生、家庭、学校、社会、国家等不同利益相关者的需求，在促进经济发展、社会公平、政治民主、文化多元以及增强国家凝聚力等方面发挥积极的影响。

人力资本投资不仅涵盖教育，还包括技能培训等方面。大规模城乡劳动力流动造成的农村"老龄化"和人力资本匮乏问题，严重制约了乡村振兴战略的实施，影响共同富裕远景目标的实现。单一"输血式"的公共财政转移支付，难以提升农村劳动力的自我发展能力，缺乏发展的持续性和长效性。通过职业技能培训和农村劳动力转移就业培训，全面提升农村劳动力素质，让农村发展逐渐从"外来输血式"向"自我造血式"转变，形成可持续发展的长效机制，是推动乡村振兴、助力实现共同富裕的重要动力。

从教育公平的角度出发，未来应该加大力气缩小地区间、人群间受教育机会和教育质量的差异。导致人力资本不平等的一个重要原因是学前教育的不平等，因为儿童早期发展质量和后期人力资本投资是互补的，缺乏学前教育会降低儿童后期的学习效率。赫克曼与其指导的博士生卡内洛合作发表了具有里程碑意义的研究报告《人力资本政策》，该报告从几个方面对传统的提升人力资本的相关政策模式提出了挑战。第一，他们将公共资金的成本—收益纳入人力资本政策的分析框架，并指出如果改进公共投资结构，即便不改变既有投资规模，也将获得更大的收益。第二，长期因素在提高社会成就等方面比短期的融资更具决定性。第三，结合教育经济学、心理学的发现以及他们自己的实证工作，发现非认知能力对于劳动力市场的成功和学校的成功都非常重要，现行的有关技能形成的分析过多地关注了认知能力，对非认知能力在人力资本干预项目评价中的地位和作用关注不足。其中，报告最重要的贡献在于提出了赫克曼曲线（见图7.1）。其含义在于，在一个给定能力的个体生命周期中，假定每个年龄段实施同样的投资，那么在其他条件相同的情况下，早期人力资本投资的回报率高于晚期。赫克曼曲线彰显了学前教育的重要性。

图 7.1 赫克曼曲线

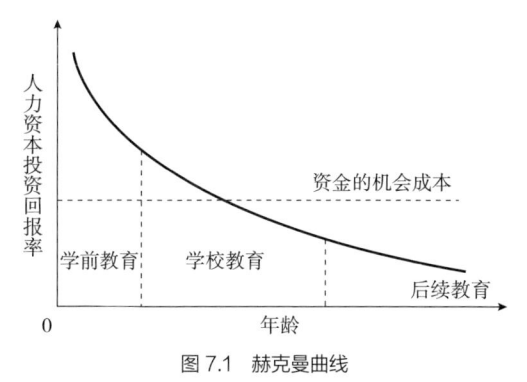

图片来源：Carneiro and Heckman（2003）以及郭磊、曲进（2019）。

然而，学前教育是我国目前整个教育体系中最薄弱的环节，学前教育的不平等程度远远高于义务教育的不平等程度。中国家庭追踪调查数据显示，城市地区儿童的幼儿园入学率比农村地区的高 30 个百分点，高收入家庭儿童的幼儿园入学率比低收入家庭儿童高 50 个百分点。大量研究显示，投资学前教育的社会回报率是最高的。相较于传统转移支付方式的"再分配"，投资儿童早期的人力资本发展是一种"预分配"，更能兼顾效率与公平。在儿童早期教育上缩小差距可以使贫困家庭的儿童在以后的能力形成过程中摆脱弱势，这对于缩小来自不同社会经济家庭的儿童成年后的社会差距至关重要。因此，着力扩大普惠性学前教育资源，逐步推进学前教育纳入义务教育，促进学前教育机会的公平性，将极大程度地提升人的发展能力，从根本上降低人力资本不平等，缩小收入差距。

和学前教育不同，中国早已全面普及义务教育，2020 年中国小学学龄儿童净入学率为 99.96%，初中阶段毛入学率为 102.50%，九年义务教育巩固率达 95.20%。但是，义务教育阶段的教育质量在城乡之间、不同区域之间差距巨大。例如，2019 年普通初中生人均教育经费支出最高的省/直辖市（北京，76 979.38 元）是最低的省/直辖市（广西，12 255.14 元）的 6 倍多。这很大程度是由于中国基础教育财政支出"以县为主"的体制决定的。这种财政体制使得地方政府的基础教育经费投入极大地依赖当地的经济水平。于是，教育和人力资本出现区域性不平等，而这种建立在经济不平衡基础上的教育经费投入不平等又反过来加大了收入的不平等，导致不平等在代际的传递。因此，尽管义务教育在数量上已基本达到均等化，在质量上的城乡、区域间的不平衡发展仍可能导致人力资本不平等和收入差距。促进教育公平需要健全基本公共教育资源均衡配置机制，加大中央和省级财政教育投入力度，逐步缩小城乡、区域和学校间的教育经费投入差距。促进教育公平还需要促进城乡、区域和学校间师资力量的均衡发展。只有实现义务教育资源均等化，全面提高义务教育质量，才有可能实现人力资本均衡发展，推动共同富裕。

最后，促进教育公平还需要特别关注基础教育阶段留守和流动儿童的教育机会和教育质量问题。随着我国城市化的深入推进，农村人口大规模外出务工带来了大量的留守和流动儿童。留守和流动儿童家庭教育的缺失、流动儿童受教育权的不平等，会阻碍他们的人力资本积累，甚至带来一系列社会问题。

李克强总理在《2021 年国务院政府工作报告》中首次强调，要更好地解决进城务工人员的子女就学问题，努力让广大学生健康快乐成长，让每个孩子都有人生出彩的机会。《2020年国务院政府工作报告》中提出，要完善随迁子女义务教育入学政策，该年度的政府工作报告更是突破了义务教育学段，明确指出要更好地解决所有随迁子女的入学问题，这是促进教育公平的重大举措。

解决流动儿童入学问题将极大地有利于劳动力自由流动，也是破除劳动力和人才社会性流动体制机制障碍的关键环节。党的十九大报告明确指出，"破除妨碍劳动力、人才社会性流动的体制机制弊端，使人人都有通过辛勤劳动实现自身发展的机会"。长期以来，农民工子女在城市入学的问题一直是困扰很多进城务工人员的头等大事。一线和二线城市由于落户门槛高，农民工无法落户，其子女也很难获得平等的入学资格。这既产生了庞大的农村留守儿童群体，带来留守儿童在学习成绩、身心健康等多方面的负面影响，也导致城市中的流动儿童接受教育的机会和质量都非常有限。子女教育问题也会带来反馈——改变家长作为劳动力做出的迁移和就业决策，不利于劳动力资源优化配置。

解决流动儿童入学问题将推动国民人力资本全面提升。随着未来城镇化率的提高，进城务工人员数量会继续增加，这些进城劳动力的子女占到了我国学龄儿童的相当比例。他们的人力资本积累程度将在很大程度上决定未来国民的人力资本构成，决定在人口老龄化背景下我国未来的核心竞争力。流动儿童获得在大城市接受良好教育的机会是提升他们人力资本的最佳途径。

从政策措施来看，应完善流动人口的基本公共服务制度，推动基本公共服务和公共资源的配置由"户籍人口"向"常住人口"拓展。特别是对于流动人口子女的流入地，应按照"常住人口"配置基础教育资源，加大基础教育的经费投入，切实保障流动人口子女平等的受教育权。要解决流动儿童入学问题需要给予地方政府更多的财政激励和指标约束，逐步降低大城市对流动儿童入学的资格门槛，真正实现基本公共服务均等化，在教育公平上迈出更大步伐。

总之，促进共同富裕，缩小初次分配环节的收入差距是重点。公平的人力资本投资可以促进初次分配中效率与公平的统一。逐渐形成社会各方广泛参与的更加公平和有效的人力资本投资机制，全面提升人口素质，增加社会流动性，这是实现共同富裕可持续的保障。

实施"健康中国"战略

健康是促进人的全面发展的必然要求，也是经济社会发展的基础条件。从微观角度看，健康是人力资本的一部分（Mushkin，1962），也是人们所追求的一种"幸福消费品"（Grossman，1972），它同时影响着人们的产出和福利。从宏观角度看，健康能够提高劳动生产能力（Barro，1996），也能够通过提高教育回报率来提高教育人力资本积累（Van zon & Muysken，2001），从而促进经济增长，实证结果显示健康投资差异是导致各国经济发展差异的重要原因之一（王弟海，2016）。

人民健康是民族昌盛和国家富强的重要标志，也是中国人民的共同愿望之一。中华人民共和国成立以来，我国卫生事业从艰难起步到蒸蒸日上，走出了一条中国特色的道路。

中华人民共和国成立以来，我国卫生服务质量明显提高，居民死亡率显著降低。通过实施"提高人口质量、控制人口数量"的计划生育政策，我国人口出生率也随之下降，人口自然增长率从20‰迅速减少至5‰左右（见图7.2）。我国在较短时间内从"高出生率、高死亡率和高自然增长率"类型转变到"低出生率、低死亡率和低自然增长率"类型，与其他发展中国家相比，加速完成了人口转变的过程，人口得到有效的控制。但同时，我国也面临着"未富先老"的问题。

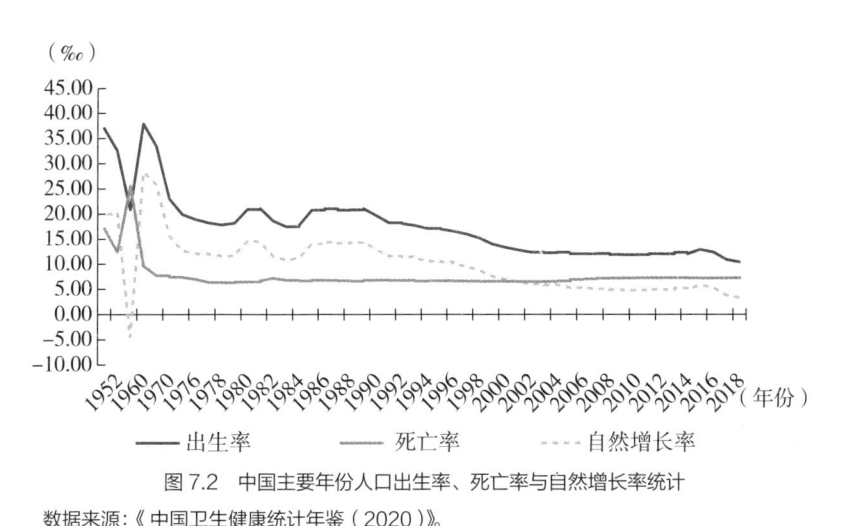

图7.2 中国主要年份人口出生率、死亡率与自然增长率统计

数据来源：《中国卫生健康统计年鉴（2020）》。

孕产妇和婴幼儿是下一代发展的基石，孕产妇死亡率、婴幼儿死亡率以及5岁以下儿童死亡率直观展现了孕产妇保健和儿童整体健康水平，综合反映出居民的营养状况，是评估国家社会发展和国民健康水平的重要指标。我国已经建设了较为完善的妇幼健康医疗保障系统，婴儿生存状况向发达国家靠拢，各项数据得到有效提升。《柳叶刀》发表的中国妇幼健康70年报告（2021年）中提到，世界卫生组织将中国评为妇女和儿童健康方面快速发展的国家之一。

数据显示，孕产妇死亡率由1949年的1 500/10万降低至2019年的17.8/10万（见图7.3）；婴儿死亡率呈逐年下降趋势，中华人民共和国成立前这一数据约为200‰，截至2019年降至5.6‰（见图7.4）；出生时体重小于2 500克的儿童比重下降，维持在3%左右，充足的营养摄入、健全的保健工作规范减少了低体重儿童、早产儿死亡（Klein，2002）；5岁以下儿童死亡率从1991年的61‰降低至2019年的7.8‰，儿童健康与保健同步发展。综合来看，妇幼健康指标均向好发展，农村地区改善幅度明显，但是城乡差距客观存在，与发达国家相比仍有改善空间。

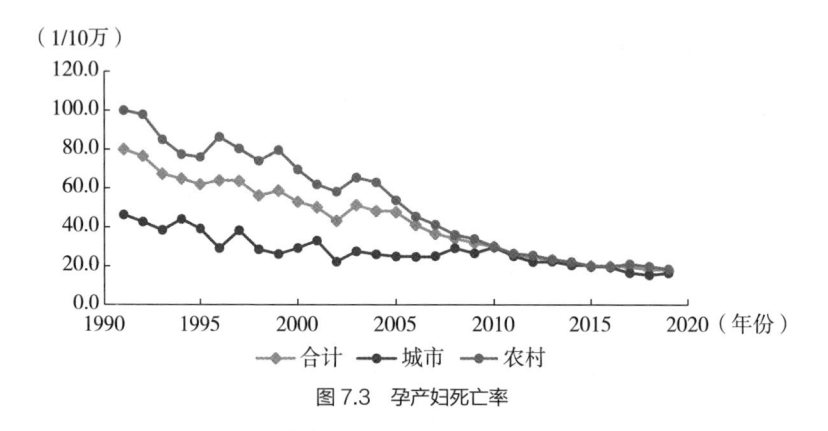

图7.3 孕产妇死亡率

图 7.4 婴儿死亡率

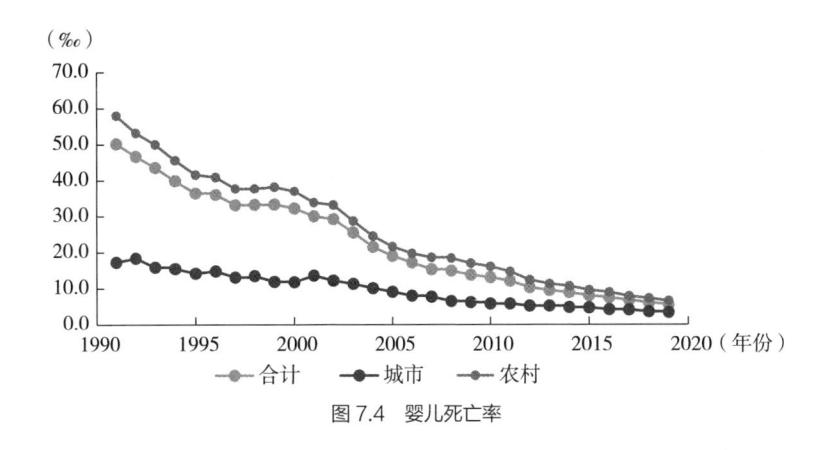

但是，伴随着经济社会的发展变革，人民的生活与健康也面临新的环境。工业化、城镇化、人口老龄化、疾病谱变化、生态环境及生活方式变化等也给维护和促进健康带来一系列新的挑战，健康服务总体供给不足与需求不断增长之间的矛盾依然突出，健康领域发展与经济社会发展的协调性有待增强。

为此，党的十八届五中全会做出了推进"健康中国"建设的重大决策，把发展健康和以健康促发展作为国家战略，这是"健康中国"首次正式进入党的文件。2016年8月，党中央、国务院召开了21世纪以来第一次全国卫生与健康大会，习近平总书记发表了重要讲话，并强调"没有全民健康，就没有全面小康"，要把人民健康放在优先发展的战略地位，以普及健康生活、优化健康服务、完善健康保障、建设健康环境、发展健康产业为重点，加快推进健康中国建设，努力全方位、全周期保障人民健康。2016年10月印发的《"健康中国2030"规划纲要》是我国在卫生健康工作中的第一个长期规划。

"健康中国"战略以提高人民健康水平为核心，以体制机制改革创新为动力，要求把健康融入所有政策，加快转变健康领域发展方式。"健康中国"的战略主题是"共建共享、全民健康"，共建共享是基本路径，要从供给侧和需求侧两端发力，统筹社会、行业和个人三个层面，形成维护和促进健康的强大合力；全民健康是根本目的，要立足全人群和全生命周期两个着力点，提供公平可及、系统连续的健康服务，实现更高水平的全民健康。当前的战略目标是"到 2030 年，促进全民健康的制度体系更加完善，健康领域发展更加协调，健康生活方式得到普及，健康服务质量和健康保障水平不断提高，健康产业繁荣发展，基本实现健康公平，主要健康指标进入高收入国家行列；到 2050 年，建成与社会主义现代化国家相适应的健康国家"。

普及健康生活

　　尽管我国卫生健康事业已经获得了长足发展，但伴随着我国居民生产生活方式的变迁，疾病谱也不断发生变化。心脑血管疾病、癌症、慢性呼吸系统疾病、糖尿病等慢性非传染性疾病导致的死亡人数占总死亡人数的 80% 以上，导致的疾病负担占疾病总负担的 70% 以上。图 7.5 与图 7.6 展示了 2005—2019 年主要慢性病致死人数占总患病死亡人数的比例，不论是城市还是农村，慢性病导致的死亡人数占比显著增加，尤其是心脏病的占比增速最快，越发成为一个严重的健康问题。

图 7.5　2005—2019 年城市居民主要疾病死亡占比

数据来源：《中国统计年鉴》。

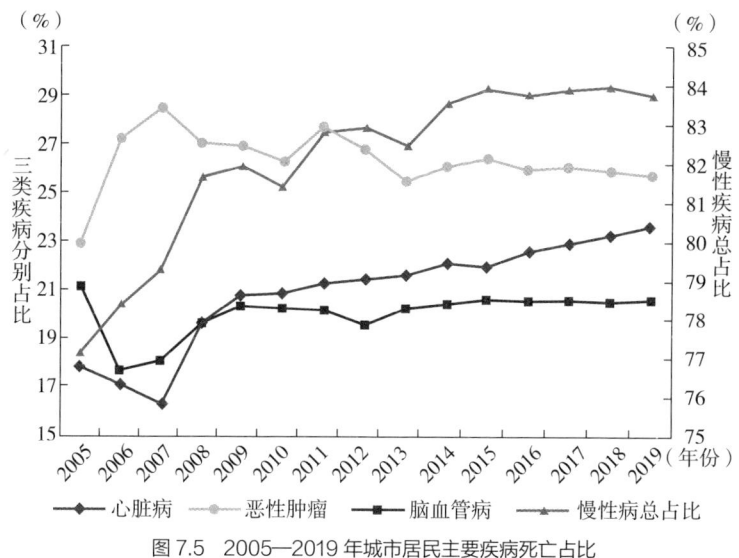

图 7.6　2005—2019 年农村居民主要疾病死亡占比

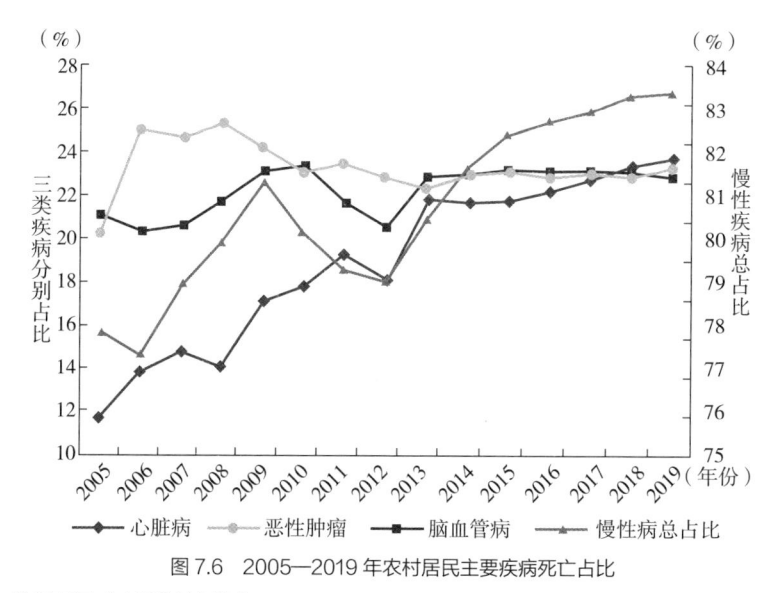

数据来源：《中国统计年鉴》。

第七章
实现人的全面发展

慢性病是长期积累而形成的疾病形态，其背后体现的是不健康的生活方式，如吸烟、过量饮酒、缺乏锻炼、不合理膳食等。居民健康知识知晓率偏低，不健康生活方式比较普遍，由此引起的疾病问题也日益突出。慢性病常发生在老年人群体当中，然而目前如癌症等慢性病已呈现出低龄化趋势。在当今繁重的工作压力下，年轻人、职业群体的健康问题同样令人担忧。根据《中国时间利用调查报告研究》，中国的"上班族"普遍存在不同程度的超时劳动现象，即每周工作时间超过《中华人民共和国劳动法》所规定的 44 小时，中国工资劳动者的每周平均净工作时间为 48.9 小时。

尚未就业的青少年群体同样是国家健康监测的重点人群，青少年阶段的健康状况与日后个人的全面发展息息相关。表 7.1 显示，大学生的体质健康状况较差，不及格率持续上升，且教育部表示，从高一到大学，各个年级的健康水平逐年下降。繁重的学业负担在一定程度上挤占了学生的锻炼时间，学生在此环境下难以形成健康的生活方式。

表 7.1　全国学生体质健康不及格率与动态变化情况

	不及格率	动态变化情况
小学生	约 6.5%	5 年连续下降
初中生	约 14.5%	总体明显下降
高中生	约 11.8%	总体持续下降
大学生	约 30.0%	总体持续上升

数据来源：教育部学生体质健康抽测复合数据（2020 年）。

人民健康是民族昌盛和国家富强的重要标志，预防是最经济、最有效的健康策略，而"健康中国"战略的一大特点就在于强调"治未病"的重要性，强调坚持预防为主，倡导健康文明的生活方式，预防控制重大疾病，从以治病为中心转变为以人民健康为中心。程令国等（2014）研究了教育通过健康认知和健康行为渠道对健康的正向影响，结论揭示了健康教育的重要性，其政策含义是可以通过"健康干预"改善人们的健康行为以提高健康投入效率，从而提高健康水平。

普及健康生活，首先是要加强健康教育，通过普及健康科学知识提高全民健康素养。其次是要塑造自主自律的健康行为：合理引导膳食，鼓励全社会参与减盐、减油、减糖行动；开展控烟限酒，推进无烟环境建设，控制酒精过度使用；促进心理健康，加强对抑郁症、焦虑症等常见精神障碍和心理行为问题的干预；减少不安全性行为与毒品危害。另外，要提高全民身体素质：完善全民健身公共服务体系；广泛开展全民健身运动；加强体医融合和非医疗健康干预；促进重点人群体育活动，制订实施青少年、妇女、老年人、职业群体及残疾人等特殊群体的体质健康干预计划。

优化健康服务、完善健康保障

虽然我国医疗卫生体系建设在总体上卓有成效，但在某些领域仍存在一些问题，如刘小鲁（2017）指出医疗保险和医疗服务利用的城乡不平等问题，彭晓博和杜创（2019）指出我国医疗支出集中度高、医疗资源利用效率低的问题，叶初升等（2021）指出医疗市场中存在"专家看轻病"的资源错配问题等。这些问题的解决都需要通过优化健康服务和完善健康保障来实现，《"健康中国2030"规划纲要》对此也有明确规划。Song and Sun（2016）指出农民工的户口限制了其在城市享受到平等的公共服务，导致长期来看其健康状况变差。

优化健康服务包括两个方面：一是强化覆盖全民的公共卫生服务，强化慢性病筛查和早期发现，加强重大传染病防控；二是提供优质高效的医疗服务，全面建成体系完整、分工明确、功能互补、密切协作、运行高效的整合型医疗卫生服务体系。完善健康保障主要指的是健全医疗保障体系和完善药品供应保障体系。健康保障系统的作用在于能够使公民更有效地、更平等地享受健康服务，如赵绍阳等（2013）指出，相比于无医保人群，有医保人群的健康状况较好，且医疗服务利用水平和健康意识都较高，所以医疗保险的普及和均等化对居民健康有着重要作用。随着医疗卫生体制的深化改革，2018年组建的国家医疗保障局打破了原先医疗保险条块分割的管理体制，实现了定价、采购、支付和监督于一身的"四权合一"，更好地保障了人民群众"病有所医"的需求。

另外，伴随着我国老龄化程度的加深，老年人的健康保障也受到了更多关注，学者对未来养老的不同方式进行了探索：余央央和封进（2018）发现了对老年人的家庭照料和医疗服务之间的互补性；宗庆庆等（2020）指出对老年人的预防性健康干预可以减轻照料负担，而且社会照料应该与家庭非正式照料形成互补；王贞和封进（2021）发现对老年人的长期护理保险制度可以代替医疗资源使用，改善被护理者健康，减少医疗支出。从以上可以看到，对老年人的照料在当前背景下格外重要，包括家庭照料、社会照料以及专业的长护险照料。《"健康中国2030"规划纲要》也同样着重强调了"促进健康老龄化"，推进老年医疗卫生服务体系建设，推动医疗卫生服务延伸至社区、家庭；健全医疗卫生机构与养老机构合作机制，支持养老机构开展医疗服务；推动医养结合，促进慢性病全程防治管理服务同居家、社区、机构养老紧密结合。

参考文献

1. 蔡长昆.制度环境、制度绩效与公共服务市场化：一个分析框架［J］.管理世界，2016（04）.
2. 曹裕，陈晓红，马跃如.城市化、城乡收入差距与经济增长——基于我国省级面板数据的实证研究［J］.统计研究，2010，27（03）.
3. 程令国，张晔，沈可.教育如何影响了人们的健康？——来自中国老年人的证据［J］.经济学（季刊），2015（1）.
4. 杜凤莲，王文斌，董晓媛.时间都去哪儿了？：中国时间利用调查研究报告［M］.北京：中国社会科学出版社，2018.
5. 范从来.益贫式增长与中国共同富裕道路的探索［J］.经济研究，2017，52（12）.
6. 光明网评论员.抑制科技巨头垄断应平衡动机与效果［EB/OL］.https://m.gmw.cn/baijia/2020-11/13/34366281.html，2021-10-15.
7. 韩华为，高琴.中国农村低保制度的保护效果研究——来自中国家庭追踪调查（CFPS）的经验证据［J］.公共管理学报，2017，14（02）.
8. 韩庆祥.促进共同富裕为什么必须坚持以人民为中心的发展思想［N］.经济日报，2021-11-07.
9. 韩文龙，祝顺莲.新时代共同富裕的理论发展与实现路径［J］.马克思主义与现实，2018（05）.

10. 胡乐明.构建和谐劳动关系 扎实推动共同富裕[EB/OL].https://m.gmw.cn/baijia/2021-10/12/35224059.html, 2021-10-15.

11. 江苏省邓小平理论研究会课题组,王霞林,高峰,等.江苏缩小城乡收入差距的成功实践与深层思考[J].群众,2012(11).

12. 蒋志颖.国资国企于变局中深化改革——从山东、北京实践看改革进展[J].中国发展观察,2020(11).

13. 雷根强,蔡翔.初次分配扭曲、财政支出城市偏向与城乡收入差距——来自中国省级面板数据的经验证据[J].数量经济技术经济研究,2012,29(03).

14. 李繁荣.马克思主义经济学视域下的供给侧结构性改革解读——基于社会总资本再生产理论[J].当代经济研究,2017(04).

15. 李实.缩小收入差距,推进共同富裕社会建设[J].中国经济报告,2021(04).

16. 李松龄,栾晓平.公平与效率的理论综述[J].山东社会科学,2003(04).

17. 李松龄.权利平等规则的产权与效率——马克思主义公平效率观的产权分析[J].南方经济,2004(01).

18. 林兆木.深刻认识我国基本经济制度的内涵及内在联系[N].人民日报,2020(09).

19. 林子樱,韩立新.数字经济下平台竞争对反垄断规制的挑战[J].中国流通经济,2021(35).

20. 刘瑾,李振,王开.数字经济创新与欠发达地区经济发展：理论分析与贵州经验[J].西部经济管理论坛,2021,32(02).

21. 刘培林,钱滔,黄先海,等.共同富裕的内涵、实现路径与测度方法[J].管理世界,2021(37).

22. 刘小鲁.中国城乡居民医疗保险与医疗服务利用水平的经验研究[J].世界经济,2017,40(3).

23. 刘元春.在高质量发展中扎实推进共同富裕示范区建设[N].光明日报,2021-08-05.

24. 刘元春.在三大超越中准确把握共同富裕的理论基础、实践基础和规划纲领［J］.中国经济评论，2021（09）.

25. 陆鹏.着力提高发展的平衡性协调性包容性［N］.学习时报，2021-09-17.

26. 罗楚亮，李实，岳希明.中国居民收入差距变动分析（2013—2018）［J］.中国社会科学，2021（01）.

27. 马光荣，周广肃.新型农村养老保险对家庭储蓄的影响：基于CFPS数据的研究［J］.经济研究，2014，49（11）.

28. 毛振华，王健，毛宗福，郭敏，袁雪丹.加快发展中国特色的健康经济学［J］.管理世界，2020，36（2）.

29. 彭晓博，杜创.医疗支出集中性与持续性研究：来自中国的微观经验证据［J］.世界经济，2019，42（12）.

30. 人民日报评论部.共同富裕要靠共同奋斗——在高质量发展中促进共同富裕［N］.人民日报，2021-10-29.

31. 史琳琰，胡怀国.高质量发展与居民共享发展成果研究［J］.经济与管理，2021，35（05）.

32. 宋扬.解决流动儿童入学问题意义重大［EB/OL］.http://www.china.com.cn/opinion/think/2021-03/10/content_77294803.htm，2021-03-10.

33. 孙久文，苏玺鉴.新时代区域高质量发展的理论创新和实践探索［J］.经济纵横，2020（02）.

34. 田卫民.省域居民收入基尼系数测算及其变动趋势分析［J］.经济科学，2012（02）.

35. 王弟海，黄亮，李宏毅.健康投资能影响跨国人均产出差距吗？——来自跨国面板数据的经验研究［J］.经济研究，2016，51（8）.

36. 王洪川.完善国家公共服务制度体系现代化发展的路径分析［J］.经济学家，2021（01）.

37. 王伟同.城市化进程与城乡基本公共服务均等化［J］.财贸经济，2009（2）.

38. 王有兴，杨晓妹.公共服务与劳动力流动——基于个体及家庭异质性视角的分析［J］.广东财经大学学报，2018，33（04）.

39. 王贞，封进.长期护理保险对医疗费用的替代效应及不同补偿模式的比较［J］.经济学（季刊），2021，21（2）.

40. 王爱君.基本公共服务均等化的制度路径研究［M］.北京：经济科学出版社，2018.
41. 魏福成，胡洪曙.我国基本公共服务均等化：评价指标与实证研究［J］.中南财经政法大学学报，2015（5）.
42. 魏敏，李书昊.新时代中国经济高质量发展水平的测度研究［J］.数量经济技术经济研究，2018，35（11）.
43. 武力超，林子辰，关悦.我国地区公共服务均等化的测度及影响因素研究［J］.数量经济技术经济研究，2014（8）.
44. 武小欣.垄断、国进民退对平等竞争市场环境的影响［EB/OL］.http://www.sic.gov.cn/news/455/5525.htm，2015-11-27.
45. 习近平.扎实推动共同富裕［J］.求是，2021（20）.
46. 夏怡然，陆铭.城市间的"孟母三迁"——公共服务影响劳动力流向的经验研究［J］.管理世界，2015（10）.
47. 辛冲冲，陈志勇.中国基本公共服务供给水平分布动态、地区差异及收敛性［J］.数量经济技术经济研究，2019（8）.
48. 熊鸿儒.数字经济时代反垄断规制的主要挑战与国际经验［J］.经济纵横，2019（07）.
49. 熊鸿儒.我国数字经济发展中的平台垄断及其治理策略［J］.改革，2019（07）.
50. 许坤，卢倩倩，许光建.基本公共服务均等化与消费扩容升级——基于面板模型和面板分位回归数模型的分析［J］.经济问题探索，2020（06）.
51. 许源源，徐圳.公共服务供给、生计资本转换与相对贫困的形成——基于CGSS2015数据的实证分析［J］.公共管理学报，2020，17（04）.
52. 杨光凯.贵州"黄金十年"发展启示［J］.当代贵州，2021（19）.
53. 杨卫.中国特色社会主义分配制度体系的三个层次［J］.上海经济研究，2020（02）.
54. 杨晓军，陈浩.中国城乡基本公共服务均等化的区域差异及收敛性

[J].数量经济技术经济研究,2020,37(12).

55. 叶初升,倪夏,赵锐.收入不平等、正向选择与医疗市场中的资源错配[J].管理世界,2021,37(5).

56. 尹晓波,王巧.中国金融发展、城镇化与城乡居民收入差距问题分析[J].经济地理,2020,40(03).

57. 余央央,封进.家庭照料对老年人医疗服务利用的影响[J].经济学(季刊),2018,17(3).

58. 张斌.借改革之力 促"大象"起舞——山东深化国企改革的创新实践[J].中国领导科学,2021(01).

59. 张川川,John Giles,赵耀辉.新型农村社会养老保险政策效果评估——收入、贫困、消费、主观福利和劳动供给[J].经济学(季刊),2015,14(01).

60. 张川川,陈斌开."社会养老"能否替代"家庭养老"?——来自中国新型农村社会养老保险的证据[J].经济研究,2014,49(11).

61. 张吉鹏,黄金,王军辉,黄勔.城市落户门槛与劳动力回流[J].经济研究,2020,55(07).

62. 张军扩,侯永志,刘培林,等.高质量发展的目标要求和战略路径[J].管理世界,2019,35(07).

63. 张俊山.用马克思再生产理论指导我国的"供给侧结构性改革"[J].当代经济研究,2017(07).

64. 赵丽秋.以推动人的全面发展促进共同富裕[EB/OL].https://www.zhonghongwang.com/show-258-215854-1.html,2021-09-14.

65. 赵娜,魏培昱.新农合如何影响农村中老年人口劳动供给——基于动态随机模型的分析[J].财经科学,2019(02).

66. 赵绍阳,臧文斌,傅十和,刘国恩.强制医保制度下无保险人群的健康状况研究[J].经济研究,2013,48(7).

67. 赵忠.三次分配的作用和边界[N].中国纪检监察报,2021-09-02.

68. 浙江高质量发展建设共同富裕示范区实施方案(2021—2025)[J].政策瞭望,2021(07).

69. 郑功成.中国社会保障改革与未来发展[J].中国人民大学学报,2010,

24（05）.

70. 郑功成.中国社会福利改革与发展战略：从照顾弱者到普惠全民［J］.中国人民大学学报，2011，25（02）.

71. 中共中央 国务院关于支持浙江高质量发展建设共同富裕示范区的意见［J］.中华人民共和国国务院公报，2021（18）.

72. 中共中央宣传部.习近平新时代中国特色社会主义思想三十讲［M］.北京：学习出版社，2018.

73. 中国人民大学共同富裕研究院.在高质量发展中扎实推进共同富裕［R］.2021-09-25.

74. 中国人民大学中国宏观经济论坛研究团队.扩大中等收入群体，助力需求侧改革——CMF中国宏观经济分析与预测报告［R］.2021-03-28.

75. 周坚，周志凯，何敏.基本医疗保险减轻了农村老年人口贫困吗——从新农合到城乡居民医保［J］.社会保障研究，2019（03）.

76. 周子勋.中央深改委会议：强化反垄断反不正当竞争助力实现共同富裕［N］.中国经济时报，2021-09-01（001）.

77. 宗庆庆，张熠，陈玉宇.老年健康与照料需求：理论和来自随机实验的证据［J］.经济研究，2020，55（2）.

78. Barro R J.Health and economic growth［R］.Geneva: World Health Organization, 1996.

79. Feenstra R C, Inklaar R, Timmer M P .The Next Generation of the Penn World Table［J］. American Economic Review, 2015（105）.

80. Grossman, Michael. On the Concept of Health Capital and the Demand for Health［J］. Journal of Political Economy, 1972（80）.

81. Gatti, Roberta V.; Corral Rodas, Paul Andres; Dehnen, Nicola Anna Pascale; Dsouza, Ritika; Mejalenko, Juan Elias; Pennings, Steven Michael. The Human Capital Index 2020 Update: Human Capital in the Time of COVID-19（English）.［EB/OL］. http: //documents.worldbank.org/curated/en/456901600111156873/The-Human-Capital-Index-2020-Update-Human-Capital-in-the-Time-of-COVID-19.

82. Mushkin, Selma J. Health as an Investment［J］. Journal of Political Economy,

1962（70）.
83. Yang Song. Rising Chinese regional income inequality: The role of fiscal decentralization[J].China Economic Review, 2013（27）.
84. Adriaan van Zon, Joan Muysken. Health and endogenous growth[J]. Journal of Health Economics, 2001（20）.